# Fábulas de La Fontaine

# Fábulas de La Fontaine

Traducción: Juan y José Bérgua

Clásicos Losada
Primera edición: enero de 2005
© Editorial Losada
Moreno 3362 - 1209 Buenos Aires, Argentina
Viriato, 20 - 28010 Madrid, España
T +34 914 45 71 65
F +34 914 47 05 73
www.editoriallosada.com
Distribuido por Editorial Losada, S. L.
Calleja de los Huevos, 1, 2º izda. - 33003 Oviedo
Impreso en la Argentina
Traducción: Juan y José Bérgua
Tapa: Peter Tjebbes
Maquetación: Taller del Sur
Queda hecho el depósito que marca la ley 11723
Libro de edición argentina
Tirada: 3.000 ejemplares

---

La Fontaine, Jean de
Fábulas de La Fontaine. -1ª ed. - Buenos Aires: Losada, 2005. - 296 p.; 18 x 12 cm. - (Biblioteca Clásica y Contemporánea. Clásicos Losada, 668)

ISBN 950-03-0597-6
Traducido por: Juan y José Bérgua

1. Narrativa Francesa-Fábulas I. Bérgua, Juan y José, trad. II. Título.
CDD 843

# Índice

Noticia sobre Jean de La Fontaine — 15

FÁBULAS

*Libro primero*
La cigarra y la hormiga — 23
La zorra y el cuervo — 23
La rana que quiso ser como el buey — 24
Los dos mulos — 25
El lobo y el perro — 25
La becerra, la cabra y la oveja asociadas al león — 26
La alforja — 27
La golondrina y los pajarillos — 28
El ratón cortesano y el campestre — 29
El lobo y el cordero — 30
El hombre y su imagen — 31
El dragón de varias cabezas y el dragón de varias colas — 32
El asno y los ladrones — 33
Simónides salvado por los dioses — 33
El infeliz y la muerte — 35
El leñador y la muerte — 36
El hombre entre dos edades y sus dos amantes — 36
La zorra y la cigüeña — 37
El niño y el maestro — 38
El gallo y la perla — 39
Los abejorros y las abejas — 39
El roble y la caña — 40

*Libro segundo*
- Contra los exigentes — 42
- La junta de los ratones — 43
- El lobo litigante contra la zorra, con el mono por juez — 44
- Los dos toros y la rana — 45
- El murciélago y las dos comadrejas — 46
- El pájaro herido por una flecha — 47
- La perra de caza y su compañera — 47
- El águila y el escarabajo — 48
- El león y el mosquito — 49
- El asno cargado de sal y el asno cargado de esponjas — 51
- El león y el ratón — 52
- La paloma y la hormiga — 52
- El astrólogo caído en un pozo — 53
- Las ranas y las liebres — 54
- El gallo y la zorra — 55
- El cuervo imitando al águila — 56
- El pavo real quejándose a Juno — 57
- La gata cambiada en mujer — 58
- El león y el asno de caza — 59
- El testamento explicado por Esopo — 60

*Libro tercero*
- El molinero, su hijo y el asno — 62
- El estómago y los miembros — 64
- El lobo pastor — 65
- Las ranas pidiendo rey — 66
- La zorra y el chivo — 67
- El águila, la gata y la jabalina — 68
- El borracho y su mujer — 69
- La gota y la araña — 70
- El lobo y la cigüeña — 71
- El león vencido por el hombre — 72
- La zorra y las uvas — 72
- El cisne y el cocinero — 73
- El lobo y las ovejas — 73
- El león envejecido — 74

| | |
|---|---|
| Filomela y Progne | 75 |
| La mujer ahogada | 76 |
| La comadreja en el granero | 76 |
| El gato y el ratón viejo | 77 |

*Libro cuarto*
| | |
|---|---|
| El león enamorado | 79 |
| El pastor y el mar | 80 |
| La mosca y la hormiga | 81 |
| El jardinero y su señor | 82 |
| El asno y su perrito | 84 |
| La batalla de las comadrejas y los ratones | 85 |
| El delfín y el mono | 86 |
| El hombre y el ídolo de madera | 87 |
| El grajo adornado con las plumas del pavo real | 88 |
| Las cañas y el camello | 89 |
| El ratón y la rana | 89 |
| El tributo de los animales a Alejandro | 90 |
| El caballo que quiso vengarse del ciervo | 92 |
| La zorra y el busto | 93 |
| El lobo, la cabra y el cabritillo | 94 |
| El lobo, la madre y el niño | 95 |
| Respuesta de Sócrates | 96 |
| El anciano y sus hijos | 96 |
| El oráculo y el impío | 98 |
| El avaro que perdió su tesoro | 98 |
| El ojo del amo | 99 |
| La alondra, sus crías y el amo del campo | 101 |

*Libro quinto*
| | |
|---|---|
| El leñador y Mercurio | 103 |
| La olla de barro y la olla de hierro | 104 |
| El pescador y el pececillo | 105 |
| Las orejas de la liebre | 105 |
| La zorra rabicorta | 106 |
| La vieja y las dos criadas | 107 |
| El sátiro y el caminante | 108 |
| El caballo y el lobo | 109 |

| | |
|---|---|
| El labriego y sus hijos | 110 |
| La montaña de parto | 110 |
| El muchacho y la Fortuna | 111 |
| Los dos médicos | 111 |
| La gallina de los huevos de oro | 112 |
| El asno cargado de reliquias | 112 |
| El ciervo y la viña | 113 |
| La serpiente y la lima | 113 |
| La liebre y la perdiz | 114 |
| El águila y el búho | 115 |
| El león que partió para la guerra | 116 |
| El oso y los dos compañeros | 117 |
| El asno vestido con la piel de león | 118 |

*Libro sexto*

| | |
|---|---|
| El pastor y el león | 119 |
| El león y el cazador | 120 |
| Febo y Bóreas | 121 |
| Júpiter y el colono | 122 |
| El gallito, el gato y el ratonzuelo | 123 |
| La zorra, el mono y los animales | 124 |
| El mulo envanecido de su genealogía | 125 |
| El asno y el viejo | 126 |
| El ciervo que se veía en el agua | 126 |
| La liebre y la tortuga | 127 |
| El asno y sus amos | 128 |
| El sol y las ranas | 129 |
| El rústico y la víbora | 129 |
| El león enfermo y la zorra | 130 |
| El cazador, el alcotán y la alondra | 131 |
| El caballo y el asno | 132 |
| El perro que soltó su presa por la sombra | 132 |
| La carreta atascada | 133 |
| El charlatán | 134 |
| La Discordia | 135 |
| La viuda joven | 136 |

*Libro séptimo*

| | |
|---|---|
| Los animales apestados | 138 |

| | |
|---|---|
| El malcasado | 140 |
| El ratón que se retiró del mundo | 141 |
| La grulla | 142 |
| La presuntuosa | 143 |
| Los tres deseos | 144 |
| Las cortes del león | 146 |
| Los buitres y las palomas | 147 |
| La diligencia y la mosca | 149 |
| La lechera y el cántaro de leche | 150 |
| El pope y el muerto | 151 |
| El hombre que corría tras la Fortuna y el hombre que la esperaba en su lecho | 152 |
| Los dos gallos | 154 |
| Ingratitud e injusticia de los hombres con la Fortuna | 155 |
| Las adivinadoras | 157 |
| El gato, la comadreja y el conejo | 158 |
| La cabeza y la cola de la serpiente | 160 |

*Libro octavo*

| | |
|---|---|
| El moribundo y la muerte | 161 |
| El zapatero remendón y el banquero | 162 |
| El león, el lobo y la zorra | 164 |
| El poder de las fábulas | 165 |
| El hombre y la pulga | 166 |
| Las mujeres y el secreto | 167 |
| El perro que llevaba colgando la comida de su amo | 168 |
| El burlón y los pescados | 169 |
| El ratón y la ostra | 170 |
| El oso y el amante de los jardines | 171 |
| Los dos amigos | 173 |
| El cerdo, la cabra y el carnero | 174 |
| Tirsis y Amarante | 175 |
| El entierro de la leona | 176 |
| El elefante y el ratón | 178 |
| El horóscopo | 179 |
| El asno y el perro | 181 |

| | |
|---|---|
| El bajá y el mercader | 183 |
| Superioridad del saber | 184 |
| Júpiter y los rayos | 185 |
| El halcón y el capón | 187 |
| El gato y el ratón | 188 |
| El río y el torrente | 189 |
| La educación | 190 |
| Los dos perros y el burro muerto | 191 |
| Demócrito y sus conciudadanos | 192 |
| El cazador y el lobo | 194 |

*Libro noveno*

| | |
|---|---|
| El depositario infiel | 196 |
| Los dos pichones | 198 |
| El mono y el leopardo | 201 |
| La bellota y la calabaza | 202 |
| El escolar, el pedante y el jardinero | 202 |
| El escultor y la estatua de Júpiter | 204 |
| La rata cambiada en muchacha | 205 |
| El loco que vendía la cordura | 207 |
| La ostra y los litigantes | 208 |
| El lobo y el perro flaco | 209 |
| Ni poco ni demasiado | 210 |
| El cirio | 211 |
| Júpiter y el navegante | 211 |
| El gato y la zorra | 213 |
| El marido, la mujer y el ladrón | 214 |
| Los dos hombres y el tesoro | 215 |
| El mono y el gato | 216 |
| El ruiseñor y el milano | 217 |
| El pastor y su rebaño | 217 |
| Los dos ratones, la zorra y el huevo | 218 |

*Libro décimo*

| | |
|---|---|
| El hombre y la culebra | 221 |
| La tortuga y los dos patos | 224 |
| Los peces y el cormorán | 225 |
| El avaro y su compadre | 226 |
| El lobo y los pastores | 227 |

| | |
|---|---|
| La araña y la golondrina | 229 |
| La perdiz y los gallos | 230 |
| El perro con las orejas cortadas | 230 |
| El pastor y el rey | 231 |
| Los peces y el pastor flautista | 234 |
| Los dos loros, el rey y su hijo | 235 |
| La leona y la osa | 236 |
| Los dos aventureros y el talismán | 237 |
| Los conejos | 239 |
| El mercader, el gentilhombre, el pastor y el hijo del rey | 241 |

*Libro undécimo*

| | |
|---|---|
| El león | 243 |
| El hijo de Júpiter instruido por los dioses | 244 |
| La zorra, el perro y el labrador | 246 |
| El sueño de un habitante de Mongolia | 248 |
| El león, el mono y los dos asnos | 249 |
| El lobo y la zorra | 251 |
| El labrador del Danubio | 253 |
| El anciano y los tres jóvenes | 255 |
| El ratón y el búho | 256 |

*Libro duodécimo*

| | |
|---|---|
| Los compañeros de Ulises | 258 |
| El gato y los dos gorriones | 260 |
| El avaro y el mono | 261 |
| Las dos cabras | 262 |
| El gato viejo y el ratón jovencillo | 263 |
| El ciervo enfermo | 264 |
| El murciélago, la zarza y el pato | 265 |
| La guerra de los gatos y los perros y la de los gatos y los ratones | 266 |
| El lobo y la zorra | 268 |
| El cangrejo y su hija | 269 |
| El águila y la urraca | 270 |
| El milano, el rey y el cazador | 271 |
| La zorra, las moscas y el erizo | 274 |
| El amor y la locura | 275 |

| | |
|---|---|
| El cuervo, la gacela, el ratón y la tortuga | 276 |
| El bosque y el leñador | 278 |
| La zorra, el lobo y el caballo | 279 |
| La zorra y las gallinas de Guinea | 280 |
| El mono | 281 |
| El filósofo escita | 282 |
| El elefante y el mono de Júpiter | 283 |
| Un loco y un cuerdo | 284 |
| La zorra inglesa | 285 |
| El sol y las ranas | 286 |
| La liga de los ratones | 287 |
| Dafnis y Alcimadura | 288 |
| El juez, el hospitalario y el ermitaño | 290 |

# Noticia sobre Jean de La Fontaine

Jean de La Fontaine *nació en Château Thierry el 8 de julio de 1621. Charles de La Fontaine, su padre, era intendente de aguas y de bosques en el lugar y, a su muerte, el hijo heredó el puesto que desempeñó hasta 1672, cumpliendo bastante mal sus funciones. En su descargo puede decirse que prefería observar la vida y acumular el material que habría de emplear luego en sus* Fábulas *y en sus* Cuentos. *En torno de La Fontaine se ha creado la leyenda del vagabundeo y la holganza, pretendiendo que todo su saber lo adquirió en lecturas hechas en la biblioteca de su abuelo y en paseos contemplativos por los alrededores de la ciudad natal. Su humanismo, no obstante, denota profundos estudios latinos que debió realizar durante la infancia. A los diecinueve años ingresó en el Oratorio, influido por ciertas lecturas que le habían hecho suponer una vocación eclesiástica. No tardó mucho en darse cuenta del error y acabó por diplomarse de abogado y volver a Château Thierry en 1644, donde habría de pasar los diez años siguientes de su vida. Durante uno de los cortos viajes a París "se dejó casar" con Marie Héricart, hija de un funcionario judicial. Se cuenta que la esposa mostraba tan poca afición al orden y al trabajo como el marido. Lo cierto es que la poca afición que La Fontaine prestaba a sus asuntos personales le acarreó complicaciones financieras y se vio obligado a afrontar sucesivos procesos judiciales, lógica consecuencia de su descuidada manera de vivir. Entretanto, seguía cultivando su afición a los clásicos latinos y comenzaba a componer pequeños poemas para ser recitados en las reuniones de provincia, en las que sus distracciones y su simpatía personal lo volvían muy popular. Obligado a elegir entre la vida práctica o la vida del poeta, tuvo que aceptar en 1657 la única solución al desastre económico; su tío Jannart lo presentó a Fouquet.*

*En casa de éste vivió La Fontaine desde 1657 hasta 1661, tanto en Saint Mandé como en Vaux. Obtuvo una pensión como recompensa por el poema "Adonis", dedicado a Fouquet, sin más exigencia que la de escribir algunas composiciones poéticas trimestrales. De esta época datan las odas, baladas y madrigales en los que brillan, de vez en cuando, los chispazos del genio. Gracias a su protector se relacionó con la gente importante de la época: Mme. de Sevigné, Mlle. de Scudéry, Desmarets, Conrart, Chapelain, y en general con todos los poetas que muy pronto serían ridiculizados por Boileau. En 1661 asistió a los famosos festivales en los que se representaron "La escuela de los maridos" y "Los fastidiosos", por la compañía de Molière.*

*La caída de Fouquet, a quien guardó La Fontaine más fidelidad de la que era dable esperar de un carácter débil como el suyo, alteró su vida apacible. Acompañó entonces a Jannart, exilado en Limousin. A su regreso fue protegido por la duquesa de Bouillon (Marie Mancini). El palacio de Bouillon era un centro de independencia literaria y de libertinaje. Allí se gestó el ataque contra "Fedra" de Racine y no resulta grato imaginar a La Fontaine alojado y pensionado por la defensora de Pradon. Al mismo tiempo, frecuentaba también a la duquesa viuda de Gastón de Orleáns, en el Luxemburgo, otro centro de literatura pasada de moda y opositora. Nada prueba mejor la originalidad del genio de La Fontaine que su formación independizada del grupo clásico, que toma del "estilo Luis XIII", es decir, de la mejor tradición francesa, elementos olvidados que sirvieron para enriquecerlo, sin dejar por ello de admirar a Molière, Boileau y Racine, asimilando poco a poco en su compañía lo mejor del clasicismo.*

*En 1664, La Fontaine había publicado su primer volumen de "Cuentos", titulado* Cuentos en verso extraídos de Ariosto y de Boccaccio. *La segunda serie vio la luz en 1665. En 1668 aparecieron los primeros seis libros de* Fábulas *dedicados al Delfín. Con la dedicatoria contaba granjearse el favor de Luis XIV, quien no le tenía simpatía ni se la tuvo jamás. En 1672, La Fontaine recibió hospitalidad en casa de Mme. de Sablière, esposa de un rico financiero, donde pasó veinte años. A la muerte de su bienhechora fue a vivir con Mme. de Hervart. Durante su permanencia en casa de Mme. de Sablière compuso su segundo volumen de* Fábulas *(libros VII a XI), que apareció en 1678-1679, dedicado a Mme. de Montespan. Pero la publicación de otro volumen de* Cuentos *le atrajo la enemistad real y cuando fue propuesto para la Academia Francesa, Luis XIV se negó a ratificar la elección hasta que la de Boileau, al año siguiente, le pareció suficientemente compensatoria. Inútilmente La Fontaine prometió entonces ser juicioso. Publicó una serie de relatos en 1685 y se hizo amigo de los Vendôme y los Conti, personajes que gozaban fama de libertinos. En 1694 dedicó al joven duque de Borgoña, alumno de Fenelón, el XII libro de Fábulas. Enfermo gravemente desde 1692, se había vuelto piadoso. Murió el 13 de abril de 1695 en la casa de Mme. de Hervart.*

*La Fontaine halló en la fábula un género literario en el que podía expresarse totalmente. La fábula participa de todos los otros géneros: es un cuento y La Fontaine es un exquisito narrador formado en la escuela de los trovadores del siglo XVI y de los italianos. La fábula participa de la comedia y La Fontaine es hábil observador de caracteres y sabe dar a cada personaje el lenguaje apropiado, así como también hacer resaltar sus aspectos ridículos. La fábula participa de la poesía lírica por cuanto permite las reflexiones personales: el temperamento soñador, melancólico y caprichoso de La Fontaine puede expresarse en ella, confesando sus impresiones y anhelos. La fábula requiere un escenario natural y La Fontaine conoce y ama la naturaleza. Por último, la fábula reclama una moraleja y La Fontaine, epicureísta, bonachón, irónico testigo de las costumbres sociales, dice lo que piensa de los hombres sirviéndose de los animales.*

*La Fontaine, en realidad, transformó la fábula esópica para darle mayor alcance y riqueza. Esta transformación consistió en cinco puntos esenciales.*

*1) Los temas no son inventados. "Su originalidad,*

*ha dicho Sainte-Beuve, depende de la manera y no de la materia."*

2) Encuentra en Esopo, Fedro y otros fabulistas los elementos de un pequeño drama y los perfecciona: a) organizando una intriga cuya exposición, peripecias, nudo y desenlace están admirablemente unidos. Las fábulas de La Fontaine interesan por la perfección con que el relato está construido. b) Con frecuencia agrega un escenario muy sobrio y sugestivo que el lector completa sin esfuerzo. Pero la mayoría de las fábulas carecen de escenario indicado. c) Precisa con asombrosa seguridad el carácter de los personajes. Cada uno de ellos tiene fisonomía propia, gestos y lenguaje particulares. Como Molière, La Fontaine no tiene estilo. Hace hablar al zorro, al lobo, al león, al financiero, al zapatero remendón, a la lechera, según la condición del personaje que representan. Él mismo llamó a sus fábulas *"una amplia comedia dividida en cien actos diversos"*.

3) La Fontaine conoce a los animales, los ama y protesta contra la teoría de Descartes, que los considera como simples máquinas. Pero no es un naturalista y comete errores científicos. Describe y analiza a los animales a la manera de los niños y de las gentes del pueblo. Lo genial en él consiste en haberlos observado y pintado *"al natural"* y en haberles prestado sentimientos de acuerdo con su físico.

4) La Fontaine ama a la naturaleza. Por eso sus descripciones llaman la atención por lo concisas y profundas. Algunas veces se entrega al ensueño. Se muestra lírico en el más amplio sentido del nombre.

5) En sus fábulas describe todas las condiciones

*sociales, ya sea con el aspecto de animales o valiéndose de otras transposiciones, puesto que entre sus fábulas incluye buen número de cuentos. Con Molière y La Bruyère, ha creado una galería de retratos del siglo* XVII *tan variada como completa.*

# Fábulas

# Libro primero

LA CIGARRA Y LA HORMIGA

Cantó la cigarra el verano entero, y al llegar el frío se encontró sin nada: ni una mosca, ni un gusano.

Fuese a llorar su hambre a la hormiga, su vecina, pidiéndole para vivir que le prestara grano hasta la estación venidera.

—Te pagaré –le dijo–, antes de la cosecha, la deuda con sus réditos; a fe mía.

Pero la usura era el defecto que la hormiga poseía en menor grado.

—¿Qué hacías tú cuando el tiempo era cálido? –preguntó a la necesitada.

—Cantaba noche y día libremente.

—¿Conque cantabas? ¡Me gusta tu frescura! Pues baila ahora, amiga mía.

LA ZORRA Y EL CUERVO

Encaramado a un árbol, sujetaba el señor cuervo con su pico un rico queso. Y la señora zorra, atraída por el olorcillo, le habló de esta manera:

—¡Buenos días, señor cuervo! ¡Cuán bello sois y me lo parecéis! Si fuera vuestro canto igual a vuestras plumas, sin mentir, os digo que seríais el fénix[1] de cuantas aves viven en los bosques.

Oyendo el cuervo tales palabras, desborda de alegría, y abriendo el pico para lucir su voz hermosa, deja caer el queso. Lo atrapa la zorra al instante, y dice:

—Sabed, señor cuervo, que todo adulón es un parásito de aquel que sin más lo escucha; esta lección bien vale el queso.

Avergonzado y confundido, juró el cuervo, aunque algo tarde, que nunca más le engañarían.

## LA RANA QUE QUISO SER COMO EL BUEY

Vio a un buey una rana, y ella, poco más grande que un huevo, sintió envidia de su corpulencia. Estírase, se hincha y se fatiga para alcanzar la talla de aquel animal, diciendo a otra que la veía:

—Mira, hermana, y dime: ¿soy ya tan grande como el buey?

—No lo eres.

—¿Y ahora?

—Tampoco ahora.

—¿He llegado?

—Aún no llegas.

Y la infeliz se hinchó de tal manera, que, al fin, acabó reventando.

Lleno está el mundo de gentes no mucho más discretas. Quiere el burgués portarse como los grandes

---

[1] El ave única y fabulosa que, después de vivir varios siglos en el desierto, moría en el fuego, para renacer de sus cenizas.

duques. Cualquier principillo tiene sus embajadas. Y no hay marqués que no luzca paje.


## LOS DOS MULOS

Dos mulos caminaban, cargado de avena el uno, llevando el otro la plata de los impuestos.

Orgulloso el segundo con carga tan solemne, avanzaba altivo y fiero, tintineando su campanilla. Mas en esto se presentan los bandidos, queriendo robar la plata, y sobre el mulo del fisco se precipita una tropa para agarrarle del freno. Al defenderse el mulo, recibe las cuchilladas, y exclama quejumbroso, entre suspiros:

—¿Esto tal me prometieron? El otro mulo, del peligro se ha salvado, y yo caí en él y me estoy muriendo.

—No siempre, amigo –repuso su compañero–, conviene un alto empleo; si, como yo, sirvieras al amo de un molino, no estarías ahí tan grave.


## EL LOBO Y EL PERRO

Estaba un pobre lobo con la piel en los huesos gracias a la excelente guarda de los perros. Y topó con un dogo fuerte y hermoso, gordo y lucido, sin querer extraviado. Don Lobo se sintió tentado de atacarlo y destrozarlo, pero viendo su talla rehuyó el combate, pues pensó que se defendería valientemente. Le abordó, pues, muy humilde; habló con él y le felicitó por su buen estado, diciéndole que le admiraba.

—En vuestras manos está, señor don Lobo –le replicó el perro–, veros como yo tan gordo. Dejad los bosques, donde vosotros vivís miserables, famélicos y pordioseros, sin otro fin que el de morir de hambre. Nada tenéis seguro, ni bocado que tragar tranquilos. Seguidme y gozaréis de dorada suerte.

—¿Qué debo hacer para ello? –preguntóle el lobo.

—Poca cosa –dijo el perro–: dar caza a los mendigos, adular a los de casa y complacer al amo, para ganar como salario los sabrosos restos; huesos de pollos y pichones, sin hablar de mil caricias.

Ya imagina el lobo una dicha que le enternece. Mas ve por el camino, el cuello desollado de su compañero.

—¿Qué es eso? –le pregunta–. No es nada –le responde–. ¿Nada? —Poca cosa. —Pero ¿el qué? —Tal vez la argolla con que me atan. —¿Atado? –exclama el lobo–. ¿No puedes correr entonces, por donde quieras? —No siempre; pero, ¿qué importa? —Importa, sí; de tal manera, que a ese precio no quisiera ni aun un tesoro.

Dicho lo cual, don Lobo huyó y todavía sigue corriendo.

LA BECERRA, LA CABRA Y LA OVEJA ASOCIADAS AL LEÓN

Con un fiero león, señor de la comarca, la becerra y la cabra, y su hermana la oveja, dícese que en otros tiempos formaron sociedad, declarando de procomún sus pérdidas y ganancias.

En los lazos de la cabra cayó prisionero un ciervo.

Avisó aquélla, sin perder un instante, a sus asociados. Contó el león con sus garras, y al momento dijo:

—Cuatro somos para repartir la presa –y en tantas partes despedaza al ciervo.

A título de señor toma para sí la primera:

—Me pertenece –dice–, porque me llamo león; nada tenéis que objetarme. La segunda también me corresponde en derecho; como sabéis, el derecho del más fuerte. Por ser el más valiente también reclamo la tercera. Y si alguna de vosotras quiere tocar a la cuarta, que antes cuente con mis garras.

## LA ALFORJA

Dijo Júpiter un día:

—Que todo lo que alienta comparezca ante mi trono; si alguien tiene alguna queja por su suerte, sin temor puede soltar la lengua, que yo pondré remedio. Ven acá, mono, y habla tú el primero. Mira a todos esos animales y compara sus bellezas con las tuyas. ¿Acaso estás contento?

—¿Yo, contento? –dijo el mono–. ¿Por qué no? Cuatro patas tengo como todos; hasta aquí mi retrato no me afea; sólo mi hermano el oso no está bien retocado; nunca, si me quiere creer, encontrará quien lo pinte.

Vino el oso y creyeron que se quejaría; mas no; alabó su figura y censuró al elefante, masa informe sin belleza, diciendo que se le podía alargar el rabo y cortarle las orejas.

Escucharon luego al elefante, y dijo muy discreto parecidas cosas; que en su parecer, la señora ballena era demasiado gorda. La hormiga halló al gusano muy pequeño, juzgándose a sí misma un coloso.

Despachóles Júpiter a todos luego de escucharlos censurarse entre sí y hallarse cada cual contento de sí mismo. Pero entre todos los locos, el hombre llevó la palma, pues, linces para el prójimo y topos para nosotros mismos, nada perdonamos a los demás y a nosotros todo, viéndonos con distintos ojos que al vecino.

Así, el creador soberano nos hizo a todos con alforja, lo mismo antiguos que modernos, poniendo detrás la bolsa de nuestras faltas y delante la bolsa de los defectos ajenos.

## LA GOLONDRINA Y LOS PAJARILLOS

Aprendió una golondrina muchas cosas en sus viajes. Quien mucho ha visto, mucho sabe, si quiere. Y así la golondrina adivinaba incluso las tormentas, avisando a los marineros antes de que estallaran.

Sucedió que, en la época en que se siembra el cáñamo, vio la golondrina a un rústico cubrir surcos y más surcos.

—No me gusta esto –dijo a los pajarillos–, y por vosotros lo siento, que yo, ante tan grave peligro, me alejaré o iré a vivir en cualquier parte. ¿Veis esa mano que hiende el aire? Pues un día llegará, y no está lejos, en que lo que siembre será vuestra perdición. De ahí nacerán lazos para atraparos y jaulas para encerraros; mil armas, en fin, llegada la estación, de vuestra cárcel o de vuestra muerte. ¡Cuidado con las jaulas! ¡Cuidado con los lazos!

Creedme a mí –añadió la golondrina–, y devorad esos granos.

Burláronse los pájaros de la golondrina; por todos los campos encontraban harto de qué comer. Cuando el cáñamo verdeció volvió la golondrina:

—¡Arrancad brizna a brizna la planta que ha nacido de ese grano maldito o descontad vuestra ruina!

—¡Calla, agorera, charlatana! –le contestaron–. ¡Hermoso trabajo nos propones! ¡Tendríamos que ser miles para picar el cañamar entero!

—Puesto que no me creéis –siguió la golondrina–, cuando veáis sembrada toda la tierra y a las gentes, dejando los trigales, partir en guerra contra los pajarillos, cazándolos con lazos y con redes, no voléis de un lado para otro; guardaos en el nido o mudad de clima, imitando al pato y a la grulla o a la chocha. Ya que no podéis, como nosotras, cruzar los mares y los desiertos, ni buscar otros mundos, sólo tenéis un partido seguro: encerraros en el agujero de una pared cualquiera.

Cansados los pajarillos de escucharla, pusiéronse a parlar de modo tan confuso como los troyanos cuando la pobre Casandra intentaba tan sólo abrir la boca. Y sucedió a los unos como a los otros: miles de pajarillos cayeron en esclavitud.

Sólo escuchamos a nuestros propios instintos, sin creer en el mal hasta que llega.

### EL RATÓN CORTESANO Y EL CAMPESTRE

Invitó el ratón cortesano al ratón campestre con mucha cortesía a un banquete de huesos de exquisitos pajarillos. Sirviendo de mantel un tapiz de Turquía, fácil es comprender la vida regalada de los dos amigos. Pero alguien turbó el festín en el mejor momento.

En la puerta de la sala oyeron de pronto un ruido; huye el ratón cortesano, seguido de su compañero. Cesa el ruido; se va la gente; vuelven a la carga los ratones. Y dice el ratón ciudadano:

—Terminemos el banquete.

—No, basta –responde el rústico–; ven mañana a mis dominios; aunque no me jacto de dar en ellos vuestros festines de rey, nadie me interrumpe, pudiendo comer tranquilo. ¡Adiós, amigo! ¡Poco vale el placer cuando el temor lo amarga!

EL LOBO Y EL CORDERO

*La razón del más fuerte fue siempre la importante, como vamos a ver en un instante*

Apagaba su sed un corderillo en la corriente de una onda cristalina. Llegó en esto un lobo hambriento en busca de aventura.

—¿Quién te hizo tan osado –dijo furioso este animal–, que te atreves a estorbarme? ¡Por tu atrevimiento vas a ser castigado!

—Señor –respondió el cordero–, no se enfade vuestra majestad; iré muy a gusto a apagar mi sed en la corriente veinte pasos más abajo, y así no podré estorbarle cuando beba.

—Pues sí me estorbas –repuso el cruel animal–; y sé además que el año pasado hablabas mal de mí.

—¿Cómo es posible, si aún no había nacido? –contestó el cordero–. ¡Todavía mamo la teta de mi madre!

—Pues si no fuiste tú, entonces fue tu hermano.

—No tengo ninguno.

—Entonces habrá sido alguno de los de tu calaña y da lo mismo, porque todos vosotros, vuestros pastores y vuestros perros, no me perdonáis. ¡Me lo han dicho y tengo que vengarme!

Y añadiendo el dicho al hecho, llevóse el lobo al corderillo a lo profundo del bosque, devorándolo allí sin más explicaciones.


EL HOMBRE Y SU IMAGEN

Un hombre que se amaba a sí mismo sin rival posible –¡su fealdad era tanta!–, en su mente se tenía por el más hermoso del mundo, acusando siempre a los espejos de ser falsos y viviendo muy feliz en su error profundo.

Para curar al hombre, la oficiosa Suerte, dondequiera le ponía ante los ojos esos mudos consejeros de nuestras damas: espejos en las casas y en las tiendas, espejos en los bolsillos de los petimetres y en los cinturones de las mujercitas. ¿Y qué imagina nuestro Narciso? Ocúltase en los sitios más escondidos que hallar puede, sin atreverse a afrontar con ningún espejo la aventura. Pero en lugares tan apartados, alimentado por una fuente pura, corre un canal donde el hombre se ve, y en el momento se irrita. Piensa que sus ojos contemplan una quimera vana, y evita en cuanto puede ese agua cristalina. ¡Mas es tan bello el canal, que no lo deja sin pena!

Bien se ve a dónde me dirijo: a todos hablo; esa extrema pasión, cada cual la cultiva. Nuestra alma es ese hombre enamorado de sí mismo. Tantos espejos son los defectos ajenos, retratos fieles de los nuestros propios. Y en cuanto al canal mentado, las *Máximas* son de vuestro libro.[2]


EL DRAGÓN DE VARIAS CABEZAS Y EL DRAGÓN
DE VARIAS COLAS

Un embajador del gran Sultán en la corte de Alemania un día anteponía, según cuenta la historia, las fuerzas de su señor a las del Emperador germano. Rompió a reír un alemán, diciendo:

—Tales vasallos tiene nuestro príncipe, y tan poderosos por sí mismos, que cada cual podría pagar un ejército.

El árabe, hombre de buen sentido, le responde:

—Ya conozco por la fama los hombres que puede dar cada uno de esos príncipes. Pero esto me recuerda una exraña aventura, sin embargo verdadera. Hallábame en un lugar seguro cuando vi pasar por encima de un seto a una hidra de cien cabezas; se heló mi sangre, aunque pienso que no siendo por el espanto sólo hubiera pasado el miedo sin el daño, pues el cuerpo del monstruo no pudo ni avanzar hacia mí ni

---

[2] Esta fábula está dedicada al famoso duque de La Rochefoucauld, autor del célebre libro de máximas morales.

encontrar una abertura. Estaba pasmado con esta aventura, cuando otro dragón –éste con sólo una cabeza, pero multitud de colas– aparece e intenta pasar lo mismo. ¡La sorpresa y el terror me ahogan! Pasó la cabeza, y tras el cuerpo, y luego cola por cola. Nada lo impidió: camino de lo uno fue lo otro. Y así sostengo que sucede con vuestro Emperador y el mío.

## EL ASNO Y LOS LADRONES

Disputábanse, dos ladrones, un asno recién robado: uno quería guardarlo, y el otro, en cambio, venderlo.

En tanto volaban las puñadas y nuestros campeones pensaban sólo en su defensa, llega un tercer ladrón y se apodera del asno.

El asno es a menudo tal cual provincia; los ladrones, cualesquiera príncipes: uno de Transilvania, un turco y aquél de Hungría. En lugar de dos, puse tres; eso no hace al cuento. A ninguno pertenece con frecuencia el país conquistado; mas llega un cuarto ladrón que los pone, al fin, de acuerdo, cargando él solo con el botín.

## SIMÓNIDES, SALVADO POR LOS DIOSES

Nunca alabamos bastante a tres clases de personas: los dioses, la amante y el rey. Díjolo Malherbe,[3] y con gusto lo suscribo; es una máxima de perpetua

---

[3] Véase, sobre Malherbe, la nota de la fábula I, libro III.

utilidad: el halago agrada y conquista las almas; los favores de una hermosa son a menudo el premio; veamos cómo los dioses lo pagan en ocasiones.

Púsose Simónides a cantar el elogio de un atleta, aunque al ensayar su numen halló el tema desprovisto de ornamentos: los parientes del atleta eran gente sin fama; ciudadano común su padre, y él mismo sin otro mérito. ¡Menguada y estéril materia!

Cantó, pues, al principio la fama de su héroe diciendo cuanto podía. Mas luego insertó el asunto de Cástor y Pólux, escribiendo que su ejemplo es glorioso para los atletas; cantaba sus combates y los sitios donde los dos hermanos se habían distinguido. El elogio de ambos dioses, en fin, ocupaba dos tercios del poema.

El atleta le había prometido un talento, pero al ver el canto, el muy ladino sólo le ofreció la tercera parte de lo convenido diciendo francamente al poeta que cobrase lo restante a Cástor y Pólux:

—¡Que esa pareja divina os recompense! Venid, sin embargo, a cenar conmigo; la mesa será buena, y los convidados, escogidos; mis mejores amigos, mis parientes. ¡Por favor, no faltéis en esta compañía!

Simónides aceptó, quizá temiendo perder, además de su salario, la gratitud por su canto. Llega al banquete; es festejado; da comienzo la cena; todos muestran su humor alegre. Mas un esclavo se acerca y advierte a Simónides que dos hombres le aguardan a la puerta. Deja la mesa, y la tropa invitada no pierde bocado.

Los dos hombres eran los gemelos Cástor y Pólux; le dan las gracias y le advierten, en pago de sus versos, que abandone la casa, que se hundirá al instante.

Cierta resultó la profecía: quiébrase una columna y se desploma el techo, rompiendo los platos y las jarras del festín. Y para hacer completa la venganza debida al poeta, una viga rompe las piernas del atleta y deja estropeados a sus invitados. La fama dio alas al asunto, clamando cada cual que fue un milagro, doblándose así el salario merecido por los versos de un vate amado de los dioses; ¡no había hijo de familia rica que, pagando a cuál más, no le encargara el elogio de sus abuelos!

Pero vuelvo al principio, y digo que no hay falta en alabar cuanto cabe a los dioses y sus semejantes; que, además, Melpómene,[4] sin mancilla en ello, a menudo trafica con su esfuerzo; que, en fin, merece nuestro arte cierta estima. Los dioses se envanecen cuando nos otorgan una gracia; en otro tiempo el Olimpo y el Parnaso eran hermanos y amigos.

### EL INFELIZ Y LA MUERTE

Un infeliz llamaba todos los días a la Muerte en su socorro.

—¡Oh Muerte –le decía–, cuán hermosa me pareces! ¡Ven pronto y termina con mi cruel fortuna!

Acudió la Muerte creyendo servir al desdichado. Llama a su puerta, entra y se presenta.

—¿Qué ven mis ojos? –grita el implorante–. ¡Alejad de mi presencia a ese personaje odioso! ¡Horror y espanto me produce! ¡Oh Muerte, no te acerques! ¡Márchate, oh Muerte!

---

[4] Melpómene, una de las nueve musas: la de la tragedia.

Fue Mecenas un hombre bien nacido, y en no sé dónde dijo: "¡Antes impotente, sin piernas, manco o gotoso, pero que al cabo viva y me baste, y estoy más que contento!" ¡No vengas nunca, oh Muerte, todos te decimos!

### EL LEÑADOR Y LA MUERTE

Un anciano leñador, cargado con el peso de su haz de ramas y de sus años, caminaba fatigosamente, encorvado y quejumbroso, tratando de alcanzar su mísera cabaña. No pudiendo al fin con su dolor y su fatiga, suelta en tierra su carga y piensa en su desdicha. ¿Qué placer conoció desde que vino al mundo? ¿Hay alguien más pobre que él en la redonda tierra? Muchas veces sin pan y jamás con reposo; la mujer y los hijos, los soldados que pasan, los impuestos, el usurero y la gabela son para él cumplido retrato del desgraciado.

Llama, pues, a la Muerte, que acude sin tardanza, y ésta le pregunta para qué la quiere.

—¡Para que me ayudes a cargar la leña! –le dice–. No te retrasará gran cosa.

La Muerte todo lo cura; pero antes sufrir que morir prefieren todos los hombres.

### EL HOMBRE ENTRE DOS EDADES Y SUS DOS AMANTES

Un hombre de edad mediana, tirando ya a plateado, juzgó oportuno, a sus años, pensar en el matrimonio. Como tenía dinero, podía escoger fácilmente, puesto que todas pretendían agradarle; mas nuestro enamorado no se daba mucha prisa: ¡acertar la puntería es cosa de cuidado!

Dos viudas, al fin, compartían su corazón: una verde todavía; la otra, un tanto madura, mas hábil en reparar con sus artes los estragos de la Naturaleza. Jugando y riendo, haciéndole carantoñas, las dos viudas le arreglaban el cabello. La vieja a cada instante, a fin de que su amante se le pareciera, le arrancaba un poco de pelo negro que aún tenía. La joven, a su vez, devastaba sus cabellos blancos. Ambas se ensañaron tanto, que al fin la cabeza gris quedó limpia de cabellos y el hombre exclamó dudoso:

—¡Mil gracias, hermosas, por haberme pelado! –les dijo–. Más he ganado al cabo que he perdido. Pero de matrimonio no hablemos. La que tomara por mujer, querría que viviese a su manera y no a la mía, y esto no hay calvo que lo resista. ¡Agradecido, bellas, por la enseñanza!

## LA ZORRA Y LA CIGÜEÑA

La comadre zorra se sintió generosa un día e invitó a comer a la comadre cigüeña. El banquete fue breve y sin grandes preparativos; la sagaz raposa, por toda vitualla, tenía un caldo clarucho, pues vivía pobremente, y se lo presentó a la cigüeña servido en un plato; ésta no pudo con su largo pico gustar ni un solo sorbo; la astuta zorra, en cambio, lo lamió todo en un instante.

Para vengarse de esta burla, la cigüeña, al poco tiempo, invitó a la zorra:

—¡Encantada –dijo–; yo no gasto protocolo con las amigas!

A la hora señalada corrió a casa de la cigüeña, encontrando la comida a punto y con un apetito de que nunca están faltas las señoras zorras. El olorcillo de la carne, partida en pequeños pedazos, púsola muy contenta. Mas para su desdicha, sirviéronla en una vasija de alto cuello y estrecha boca, por donde el pico de la cigüeña pasaba perfectamente; el hocico de la comadre zorra era de mayor medida, y tuvo que marcharse en ayunas y avergonzada como zorra engañada por una gallina, gachas las orejas y apretando la cola.

Para vosotros escribo esto, embusteros; ¡esperad la misma suerte!

EL NIÑO Y EL MAESTRO

En esta fábula intento mostrar la vana presunción de un necio.

Jugando a orillas del Sena, cayó un infante al agua; mas quiso el cielo que allí se hallara un sauce, cuyas ramas, por voluntad divina, salvaron al imprudente niño. Acertó a pasar un maestro de escuela, y el infante le grita:

—¡Socorro, que me ahogo!

El magíster se vuelve a tales gritos, y, gravemente y a destiempo, empieza a sermonear al niño:

—¡Mira el bribonzuelo, dónde le ha llevado su locura!

¡Pásate las horas cuidando a tales críos! ¡Desgraciados padres, velando siempre por esta turba indócil! ¡Cuánto padecen y cómo lamento su suerte!

Dicho lo cual sacó al infante a la orilla.

Censuro aquí a muchos más de los que se piensa. Parlantes y criticones y pedantes pueden verse en el discurso transcripto; cada uno de ellos forma un numeroso pueblo: el Creador bendijo la prolífica casta. ¡No hay asunto en que no piensen ejercer su lengua! ¡Pero, amigo, sácame antes del apuro y suelta después tu perorata!


### EL GALLO Y LA PERLA

En una ocasión un gallo picó una perla en el estiércol y llevósela al primer lapidario.

—Me parece fina –le dijo–, pero más preferiría un solo grano de mijo.

Y un ignorante heredó un manuscrito, llevándoselo a un librero, su vecino.

—Me parece bueno –le dijo–, pero más preferiría una sola pelucona.


### LOS ABEJORROS Y LAS ABEJAS

Por el fruto se conoce el árbol.

Hallándose sin dueño unos panales de miel, reclamáronlos los abejorros como suyos, mas las abejas se opusieron. Llevóse el pleito ante una avispa. La cosa era difícil. Decían los testigos que en torno a los panales habían revoloteado durante mucho tiempo unos animalitos alados, zumbones y alargados, de color muy oscuro, bastante parecidos a las abejas. Y justamente tales eran las señas de los abejorros. Indecisa la avispa ante estas razones, amplió las diligencias, interrogando incluso a todo un hormiguero. Mas el asunto no pudo ponerse en claro.

—¿A qué viene todo esto? —dijo una abeja discreta—. Hace seis meses que la causa está pendiente de sentencia, y henos aquí como el primer día. Mientras tanto la miel se estropea; dése prisa el juez, que no hacen falta tantos circunloquios, diligencias y papeles. Trabajemos, abejas y abejorros; veremos quiénes saben hacer, con tan rico jugo, celdillas tan perfectas.

Negáronse los abejorros, viéndose que su saber no llegaba a tal arte, y la avispa-juez adjudicó la miel a las abejas.

¡Pluguiera a Dios que así terminaran todos los procesos! ¡Que siguiéramos en esto las maneras de los turcos! El simple buen sentido valdría por un código, sin necesidad de tantos gastos de justicia. En su lugar nos roen, nos devoran, nos minan con largas y más largas, y al fin la ostra es para el juez, quedando las conchas para los litigantes.

## EL ROBLE Y LA CAÑA

—Tienes razón —dijo un día el roble a la caña—, acusando a Natura; un jilguerillo es para ti carga pesada; un vientecillo ligero que apenas arruga el espejo del agua te obliga a bajar la cabeza. En cambio mi frente, al Cáucaso parecida, no contenta con detener los rayos del sol, desafía la fuerza de la tormenta. Todo para ti es un aquilón, y para mí, una brisa. ¡Si aún nacieras al abrigo de mi planta, no sufrirías tanto, pues yo te defendería de las tormentas! Pero sueles nacer en las húmedas fronteras del reino de los vientos. ¡Injusta contigo me parece la Naturaleza!

—Tu compasión –respondió la caña–, descubre tus buenos sentimientos, mas no te preocupes; los vientos son para mí menos temibles que a ti mismo, porque me doblo, pero no me rompo. Tú, hasta ahora, es cierto, has resistido sus guantadas terribles sin doblar la espina, pero esperemos el fin.

Al decir estas palabras, del horizonte profundo corre furioso el más terrible de los vientos del Norte. El árbol resiste; la caña se pliega. Redobla el viento sus esfuerzos con tal saña, que arranca de raíz a aquel cuya cabeza vecina con el cielo y cuyos pies penetran en el reino de la muerte.

# Libro segundo

CONTRA LOS EXIGENTES

Aun cuando al nacer Calíope[5] me hubiera regalado con todos los dones que la Musa ha prometido a sus amantes, los dedicaría a los embustes de Esopo; versos y embustes son de todo tiempo amigos. Mas no me creo tan favorecido por el Parnaso como para poder exornar todas esas ficciones. Cabe abrillantar, sin duda, sus intenciones; yo lo intento; hágalo otro más sabio que yo.

Hice hablar hasta ahora, empero, al cordero y al lobo; más todavía: árboles y plantas los troqué en criaturas parlantes. ¿Quién no lo tomaría por arte de encantamiento?

—Sí –dirán los criticones–, hablas pomposamente de cinco o seis cuentos para niños en total...

¿Queréis, censores, que sean más ciertos y de un estilo más noble? Vamos a ello.

Cansaron los troyanos, tras diez años de guerra en torno de sus murallas, a los tozudos griegos, que ni por mil estratagemas ni mil asaltos, ni cien batallas pudieron conquistar la ciudad invencible, cuando un caballo de madera inventado por Minerva, con un

---

[5] Calíope, musa de la epopeya.

extraño artificio en sus entrañas, recibió en su vientre enorme al astuto Ulises, al valiente Diomedes, al impetuoso Ayax, a los cuales, con sus escuadrones, el monstruo colosal debía introducir en Troya, entregando a su furia incluso a sus mismos dioses...

—¡Basta! –dirá alguno de nuestros autores–. El período es largo y hay que tomar aliento. Y tu caballo, además, tus héroes y sus falanges son cuentos aún más extraños que la raposa engañando al cuervo a causa de su voz. Por otra parte, te sienta mal tan alto estilo.

¡Bien, bajemos un tono! La celosa Amarilis pensaba en su amado Alcipo, creyendo que sólo el perro y sus corderos eran testigos de sus cuitas. Mas Tirsis la sorprende y se desliza tras los sauces, oyendo a la pastora confiar sus palabras al blando céfiro para enviárselas a su amante...

—¡Alto, amigo, en esta rima! –dirá mi censor al instante–. No me parece gran cosa.

¡Censor maldito! ¿Quieres callarte? ¿Podré acabar mi cuento? ¡Intento peligroso el querer complacerte!

Los exquisitos son gentes infelices, pues nada les agrada, valga lo que valiere.

### LA JUNTA DE LOS RATONES

Un gato llamado Rodilardo hacía tal matanza de ratones, que apenas se veía uno, de tantos como había metido en sepultura. Los pocos que aún quedaban, sin atreverse a salir de su agujero se hallaban reducidos a comer su hambre. A sus ojos, Rodilardo pasaba no por un gato, sino por un diablo carnicero.

Una noche que Rodilardo partió hacia los tejados en busca de su dama, y mientras con ésta se entregaba descuidado a la orgía, los ratones tuvieron junta en un rincón sobre su necesidad urgente. Desde el principio el decano, varón más que prudente, sostuvo que tarde o temprano había que colgar un cascabel del cuello de Rodilardo, de modo que cuando éste partiera en guerra contra ellos, pudieran todos esconderse bajo tierra advertidos de su presencia. Tal era el remedio, y no sabía otro.

Fueron todos de la misma opinión; nada les pareció más a propósito. Sólo había una dificultad: poner el cascabel al gato. Un ratón dijo: –¡Yo, por mí, no voy; no soy tan tonto! Y añadió el siguiente: –¡Yo no sabría hacerlo! De tal manera que al fin se separaron sin adoptar acuerdo.

Muchas vanas reuniones así he visto, y no de ratones, sino de grandes personajes. Para deliberar, la corte está llena de consejeros; para cumplir, nunca nadie comparece.

### EL LOBO LITIGANTE CONTRA LA ZORRA, CON EL MONO POR JUEZ

Lamentábase un lobo de que le habían robado. Una zorra, su vecina, persona de mala vida, fue por él demandada en justicia a causa del supuesto robo. Viose el litigio ante el mono, y no por abogados, sino por ambas partes afectadas.

Jamás la diosa Temis, de memoria de mono, tuvo que ver asunto tan embrollado.

Sudaba el magistrado en su silla de justicia. Luego de harto disputado el litigio, el mono-juez, advertido de su malicia, les dijo a entrambos:

—¡Os conozco hace tiempo, amigos, y entre los dos pagaréis las costas! Porque, tú, señor lobo, demandas aunque no te han robado, y tú, señora zorra, has robado lo que no te demandan.

Juzgaba el juez de este modo que, fuese como quiera, no incurriría en falta condenando a un malvado.

## LOS DOS TOROS Y LA RANA

Luchaban dos toros por la posesión de una becerra, y una rana suspiraba contemplando su combate.

—¿Qué te sucede? –le preguntó un habitante del pantano.

—¡Ay! –respondió aquélla–. ¿No veis que el fin de la batalla será el destierro de uno, y que el otro, al derrotarle, le expulsará de los campos floridos? Ya no reinará en la hierba de las praderas, y vendrá a nuestros pantanos a reinar en los juncos y malezas, aplastándonos con sus pies contra el fondo de las aguas. Hoy una y mañana otra, todas sufriremos por el combate que ha provocado la señora becerra.

Era un temor de muy buen sentido. Uno de los toros fue, en efecto, a refugiarse en su pantano, aplastando veinte ranas cada día.

¡Ay, bien se ve que en todo tiempo los débiles tienen que sufrir a causa de las atrocidades de los poderosos!

## EL MURCIÉLAGO Y LAS DOS COMADREJAS

Cayó de cabeza un murciélago en el nido de una comadreja, y ésta, enfadada desde mucho tiempo atrás con los ratones, corrió al instante a devorarlo.

—¿Cómo te atreves –le dijo– a caer ante mis ojos, habiendo tratado tu raza de perjudicarme tanto? ¿Eres o no un ratón? ¡Contesta y pronto! Sí, o eres tú un ratón, o yo no soy una comadreja.

—¡Perdóname! –dijo el infeliz–. ¡Ése no es mi oficio! ¿Ratón yo? Te han engañado unos malvados. Gracias al autor del Universo, pájaro soy; mira mis alas. ¡Viva el pueblo que surca los aires!

Pluguieron a la comadreja estas razones, y el murciélago consiguió libertad para escapar con vida.

Dos días después, el aturdido fue a meterse ciegamente en el nido de otra comadreja, ésta de los pájaros enemiga. Iba ya esta señora con su largo hocico a triturarlo en calidad de pájaro, cuando el murciélago protestó indignado contra tal ofensa:

—¿Yo pasar por ave? ¡Tú no ves bien! ¿Qué distingue al pájaro? ¡Es su plumaje! Yo soy un ratón. ¡Vivan las ratas! ¡Confunda Júpiter a los gatos!

Gracias a la estratagema, por segunda vez, el murciélago salvó su vida.

Muchos ha habido que cambiando de bandera, como el murciélago, se han burlado del peligro. El listo exclama según el viento: ¡Viva el rey! ¡Viva la liga![6]

---

[6] Por consonancia, y como contraposición política, La Fontaine, emplea *Vive le roi! Vive la ligue!* Se trata de la liga católica dirigida contra los reyes franceses Enrique III y Enrique IV, formada en 1576.

## EL PÁJARO HERIDO POR UNA FLECHA

Herido mortalmente por una saeta emplumada, lloraba un pájaro su triste suerte, diciendo, para aumentar su dolor:

—¡Aun he tenido que contribuir a mi desgracia! ¡Crueles hombres que sacáis de nuestras alas las plumas para hacer volar a esas armas infernales! Pero no os burléis tan pronto, raza impía; muy a menudo conocéis una suerte como la nuestra. ¡La mitad de los hijos de Japeto[7] siempre fabricará armas para la otra!

## LA PERRA DE CAZA Y SU COMPAÑERA

Una perra llegada a término, no sabiendo dónde soltar la carga de su vientre, de tal modo rogó a una compañera, que ésta le cedió su cabaña, donde la perra preñada se encierra. Volvió la compañera al cabo de algún tiempo, y la perra parida le pide aún una quincena: sus crías, dícele, no pueden andar todavía. Obtiene este nuevo plazo, y a la fecha vencida la otra le pide nuevamente su casa, su alcoba, su lecho. Mas esta vez la perra madre enseña los dientes y dice:

—¡Estoy dispuesta a salir con toda mi prole, si es que nos puedes echar afuera! (Sus perritos ya eran fuertes).

Tarde o temprano hemos de lamentar lo que damos a los bribones. Para conseguir lo que se les ha prestado, hay que llegar a los golpes, pleitear y com-

---

[7] Japeto, padre de Prometeo, creador, según la fábula mitológica, de la especie humana.

batir. Dejadlos poner un pie en vuestra casa y bien pronto plantarán los cuatro.

### EL ÁGUILA Y EL ESCARABAJO

Perseguía el águila a la liebre, que huía velozmente a su madriguera, cuando halló en el camino el nido del escarabajo. Piense cada cual si era un refugio tranquilo; pero ¿dónde otro mejor? Sin pensarlo mucho, la liebre en él se acurruca.

Despreciando el asilo, el águila se precipita tras la liebre, pero el escarabajo se interpone y dice:

—¡Reina de las aves todas! Muy fácil es para ti arrebatar a pesar mío a esta liebre infeliz; pero no me hagas esta ofensa, yo te lo suplico. Puesto que la cuitada te pide la vida, dásela, ¡oh princesa!, o quítamela a mí también; es mi vecina, es mi compañera.

El pájaro de Júpiter, sin contestar una palabra, de un aletazo aturde y hace enmudecer al escarabajo, arrebatando a la liebre. El animal, ofendido, corre hasta el nido del ave, estando el águila ausente, y estrella uno por uno sus tiernos huevos, su más cara esperanza, sin perdonar ninguno.

Vuelve el águila a su nido, y al ver el estropicio, llena el cielo con sus gritos sin saber en quién vengar, para colmo de su ira, la afrenta que ha recibido. En vano gime y se lamenta; sus quejas se las lleva el viento. Ese año tuvo que vivir como madre afligida. Al siguiente hizo su nido en un lugar más elevado. Pero el escarabajo, con paciencia, sube y lanza los huevos en el vacío, dejando vengada así la muerte de la desgraciada liebre.

Fue tal este segundo duelo, que el eco de los bosques no durmió en seis meses. Al fin el pájaro que raptó a Ganimedes[8] implora la ayuda del monarca de los dioses. En su regazo deposita sus huevos, creyendo que en semejante lugar estarán seguros, pues Júpiter, por su propio interés, tendrá que defenderlos. ¡Atrevido será quien intente apoderarse de ellos!

Pero su enemigo cambia de arma y deja caer una bola de barro sobre las vestiduras del dios, el cual, al sacudirla, vuelca por tierra los huevos. Viendo el águila su descuido, amenaza a Júpiter con marcharse de su corte para vivir en el desierto y otras extravagancias por el estilo. El pobre Júpiter se calla y llama ante su tribunal al escarabajo. Éste cuenta el asunto y explana su querella. Y al fin se le dice al águila que no estaba en lo justo. Pero entrambos enemigos no quieren reconciliarse, y el rey de los dioses decide para zanjar el conflicto mudar la época en que el águila hace el amor a una estación distinta, cuando la raza de los escarabajos, en sus cuarteles de invierno, se oculta de día como la marmota.

### EL LEÓN Y EL MOSQUITO

—¡Pobre insecto, excremento de la tierra, vete lejos de mí! –con estas palabras, un día, hablaba el león al mosquito. Éste le declaró la guerra.

---

[8] El águila, *pájaro de Júpiter que raptó a Ganimedes:* el águila estaba consagrada a Zeus, el cual, enamorado de la belleza del joven Ganimedes, príncipe troyano, hízole raptar por el águila para que sirviera de copero a los dioses.

—¿Acaso crees –le dijo– que tu título de rey me asusta ni me inquieta? Un buey es tan fuerte como tú, y hago con él lo que quiero.

Apenas había terminado de soltar estas palabras cuando él mismo tocó a la carga, siendo el trompeta y el héroe al mismo tiempo. Primero se aleja; toma luego carrerilla y cae sobre el cuello del león, enloqueciéndolo casi. El animal echa espumarajos; de sus ojos brotan chispas; ruge. En todo el contorno las bestias se esconden, y esta alarma universal es obra del mosquito. Este aborto de una mosca le azuza por mil sitios: ora le pica en el lomo, ora en el hocico, ora entra hasta el fondo de la nariz, y su furia entonces no conoce límites.

Triunfa el invisible enemigo, riéndose al ver que no hay uña ni diente del animal enfurecido que no se encargue de desangrarlo. El infeliz león se desgarra a sí mismo; castígase los flancos con la cola, sacudiendo con furia el aire; la fatiga le abate, cayendo al fin agotado y vencido.

El insecto se retira del combate con gloria, y como antes tocara a la carga, toca ahora victoria. Y yendo a anunciarla dondequiera, tropieza en el camino con la tela de una araña, encontrando también su fin en ella.

¿Qué podemos aprender en este cuento? Dos cosas, según veo. Una es que entre nuestros enemigos, a menudo son más peligrosos los más pequeños; la otra, que uno que pudo escapar de los grandes peligros, vino a perecer en un minúsculo tropiezo.

## EL ASNO CARGADO DE SAL Y EL ASNO CARGADO DE ESPONJAS

Un arriero con su vara en la mano conducía, como un emperador de Roma, dos caballerías de largas orejas. Una, cargada de esponjas, caminaba como un caballo de silla. La segunda avanzaba lentamente, como si llevara huevos: su carga era de sal.

Nuestros tres caminantes, recorriendo montes, valles y caminos, al fin llegaron al vado de un río. El arriero, que todos los años lo atravesaba, montó sobre el asno cargado de esponjas, echando delante a la otra bestia, la cual, tozuda como ella sola, se precipitó en un agujero; pero al fin pudo salvarse porque, luego de unas brazadas, la sal se disolvió por completo y el asno se sintió ligero sin carga sobre su lomo.

El compañero siguió su ejemplo, como carnero que sigue a otro. He aquí nuestro segundo asno al agua; hasta el cuello ya se hunde; el borrico, el arriero y las esponjas empiezan a tragar agua a cual más y mejor. Mas las esponjas tragaron tanta y aumentó de tal modo su peso, que el asno no pudo ganar la orilla. Abrazado el arriero al borrico, esperaba una muerte pronta y segura cuando alguien acudió en su socorro; quien fuera, eso no importa.

Basta con haber aprendido que no debemos proceder todos de igual manera.

## EL LEÓN Y EL RATÓN

Seamos, tanto como podamos, generosos con todo el mundo, pues a menudo necesitamos la ayuda de alguien más débil que nosotros. De esta verdad, dos fábulas darán fe en un instante.

Saliendo de un agujero, harto aturdido, un ratoncillo fue a caer entre las garras de un león. El rey de los animales, demostrando quién era, le perdonó la vida. Generosidad que no fue vana, porque ¿quién hubiera creído que el león pudiera tener una deuda de gratitud con un simple ratoncillo?

Sucedió que al salir de sus selvas, el león cayó en unas redes, de las cuales no podían librarle sus fieros rugidos. Acudió el ratoncillo y trabajó tan bien con sus dientes, que una vez roída una malla, el león desgarró la trama entera.

Pueden más la paciencia y el tiempo que la ira y la fuerza.


## LA PALOMA Y LA HORMIGA

El otro ejemplo lo sacamos de animales más pequeños. A la orilla de un claro arroyo bebía una paloma cuando, al inclinarse sobre el agua una infeliz hormiga, cayó en la corriente. En vano la hormiga se esforzaba en aquel océano por ganar la orilla. Pero la paloma acude caritativa y lanza al agua una brizna de hierba, asida a la cual la pobre hormiga logra arribar a un promontorio.

Al propio tiempo pasaba, con los pies desnudos,

un gañán con una ballesta a la cintura. Al ver el pájaro de Venus, piensa en su puchero con inmensa alegría; pero mientras el rústico se preparaba a matar a la paloma, la hormiga le pica en el talón, y en tanto vuelve la cabeza, la paloma le oye y emprende el vuelo. Con ella voló el almuerzo.

### EL ASTRÓLOGO CAÍDO EN UN POZO

Un astrólogo se dejó caer un día
en un hondo pozo. Y oyó con desconsuelo:
"¡Sabio infeliz que apenas si a sus pies veía
y leer, iluso, intentaba en el cielo!"

Esta aventura, sin ir más lejos, puede servir de lección a la mayor parte de los hombres. Pocos hay que no suelan decir que los mortales pueden leer en el libro del Destino. Mas este libro, cantado por Homero y otros vates, ¿qué es sino el Azar antiguo y nuestra moderna Providencia?

Ahora bien: poco vale la ciencia frente al azar; pues, si tal fuera, caeríamos en yerro llamándole azar, fortuna o suerte, cosas todas harto inciertas. Respecto de las voluntades soberanas de Aquel que todo lo hace y nada sin designio, ¿quién las conoce sino Él sólo? ¿Y cómo leer en su seno? ¿Habrá escrito en la frente de las estrellas cuanto la noche de los tiempos encierra en sus tinieblas? ¿Y con qué fin? ¿Para recrear el espíritu de cuantos del firmamento y del globo han escrito? ¿Para evitarnos los males inevitables? ¿Para impedirnos disfrutar de los bienes y trocarlos, por el hastío de su anticipo, en males antes de tiempo?

Error es tal, o más bien, un crimen el creerlo. Muévese el firmamento; corren los astros; todos los días la luz del sol sucede a la negra sombra, sin poder inferir otra cosa sino la necesidad de lucir, de turnar las estaciones, de madurar las simientes, de verter su influencia sobre los cuerpos. Mas, en fin, ¿qué tiene que ver con la suerte siempre diversa, la marcha siempre igual del Universo?

¡Charlatanes y augures! ¡Dejad las cortes de los príncipes de Europa! Y al mismo tiempo llevaos a los embaucadores.[9] Todos merecéis la misma fe.

Pero me puse demasiado serio: volvamos al astrólogo que tuvo que beber el agua del pozo. A más de la vanidad de su arte ilusorio, es la propia imagen de aquellos que corren tras las quimeras en tanto que el peligro espera bien a sus asuntos, bien a ellos mismos.

LAS RANAS Y LAS LIEBRES

Meditaba una liebre en un agujero (¿qué otra cosa hacer en un lugar cerrado?), sumiéndose en profunda melancolía. Es un animal triste, y el temor le roe.

—¡Desdichados los que nacieron tímidos! –decía–. No hay bocado que les aproveche ni conocen jamás un placer tranquilo, viviendo siempre con sobresaltos. ¡Así

---

[9] La Fontaine dice *souffleurs* (*souffler*: soplar), refiriéndose a los alquimistas, que *soplaban* sin cesar en los hornos de sus retortas buscando la trasmutación de los metales.

es mi vida! ¡Este temor maldito me obliga a dormir con los ojos abiertos! Corrígete, dirá algún sabio. ¿Cómo? ¿Puede corregirse el miedo? Incluso me parece que hasta los hombres mismos tienen tanto miedo como yo.

Así reflexionaba nuestra liebre, ojo avizor al propio tiempo. Inquieta y azorada, un soplo, una sombra, el rumor más leve le alteraban la sangre. De pronto, el melancólico animal oye un ruido ligero, señal para una loca carrera hacia su madriguera. Y al pasar junto a una charca, las ranas, que saltan a las ondas, se ocultan a su vez en busca de sus grutas, en el fondo.

—¡Oh! –exclamó entonces la liebre–, ¿causo el mismo miedo que a mí me causan? ¿Aterra también mi presencia a los seres vivientes? ¿De dónde me viene este poder, que tiemblan los animales al verme? ¿Soy, pues, un rayo de la guerra?

Ya se ve que no hay en la tierra un cobarde que no encuentre otro más cobarde todavía.


### EL GALLO Y LA ZORRA

Un gallo viejo y astuto hallábase montando centinela en la rama de un árbol.

—Hermanito –díjole una zorra con su voz más dulce–, ya no somos enemigos; vengo a decirte: paz general entre nosotros; baja para darte un beso, pero pronto, pues tengo que cumplir sin falta veinte recados. Tú y los tuyos podéis dedicaros sin miedo a vuestras ocupaciones; nosotras os ayudaremos como hermanas. Celebradlo esta noche con fiestas; pero ahora ven a recibir el abrazo fraterno.

—Amiguita –repuso el gallo–, vienes a darme la mejor y más grata noticia; la de esta paz que yo quiero, y es para mí una doble alegría oírla de tus mismos labios. Justamente allí vienen dos galgos que son, estoy seguro, correos que nos envían para difundirla. Vuelan hacia acá y dentro de un instante estarán entre nosotros. Ya desciendo, y todos juntos podemos besarnos unos a otros.

—Adiós –dijo la zorra–, que tengo prisa; otra vez celebraremos el éxito del asunto.

Y el maligno animal sale a campo traviesa, descontento de su fracaso, mientras el astuto gallo quédase riendo de su miedo. Pues resulta placer doble engañar a quien engaña.

### EL CUERVO IMITANDO AL ÁGUILA

El pájaro de Júpiter raptó un carnero, y un cuervo testigo de la hazaña, no menos glotón, aunque más débil de fuerzas, quiso al instante imitarle. Vuela, pues, sobre el rebaño, y elige entre cien carneros al más gordo y hermoso, víctima propicia para el sacrificio y reservada para bocado de los dioses.

Nuestro cuervo se decía, devorándole con los ojos:

—No conozco a tu nodriza, mas tu cuerpo me parece en maravilloso estado; de hermoso pasto vas a servirme. Y al tiempo de decir estas palabras se lanza sobre el lanudo animal. Mas la carneril criatura pesaba bastante más que un queso, aparte de que su lana era de un espesor extraordinario y enmarañada como la barba de Polifemo.[10] Y de tal modo las garras del cuervo se enredaron en ella, que el pobre bicho no pudo emprender la huida. Vino el pastor, lo enjauló y se lo llevó a sus hijos para servirles de diversión.

La conclusión es clara: debemos medir las fuerzas. Mal sienta a los ladronzuelos imitar a los ladrones. El ejemplo es un engaño peligroso. No todos los dominadores son grandes señores. Donde la avispa pasa, el moscardón queda.

### EL PAVO REAL QUEJÁNDOSE A JUNO

—No me quejo, no murmuro, diosa, sin motivo –decía el pavo real a Juno–. El canto que me has dado, desagrada a la naturaleza toda; en cambio, el ruiseñor, insignificante pajarillo, lanza dulces y vibrantes sonidos; él por sí solo es el encanto de la primavera.

Irritada Juno, respondió al instante:

—¡Pájaro envidioso, deberías callarte! ¿Puedes envidiar la voz del ruiseñor? Alrededor del cuello luces un arco iris de cien tonos de seda, y desplegando ante nuestros ojos una cola que parece la vitrina de un joyero, presumes orgulloso. ¿Cuál otra ave bajo el cielo, como tú, está hecha para agradar? Ningún animal tiene todas las virtudes: dimos a unos la fuerza y el tamaño; el halcón es veloz, y el águila valiente; el cuervo tiene sus garras, y la corneja advierte las desgracias futuras. Todos viven contentos con su

---

[10] Polifemo, o el Cíclope *(Odisea)*. Ovidio habló, en las *Metamorfosis,* de su barba inculta y poblada.

suerte. ¡Cesa ya tus lamentos, o para castigarte, te quitaré las plumas!

## LA GATA CAMBIADA EN MUJER

Un hombre locamente encaprichado de su gata, encontrándola hermosa, delicada y zalamera, con una voz dulcísima, llegó a estar más loco que los locos, y con lágrimas y ruegos, sortilegios y brujerías consiguió del Destino que una buena mañana su gata apareciese convertida en mujer. No esperó más el mentecato, y el mismo día hízola su esposa.

De loco de amistad que antes estaba, vedlo convertido en loco de amor más extremado: nunca la dama más hermosa cautivó tanto a su caballero como esta nueva esposa a su extravagante marido. Éste la adora; ella le llena de zalemas; ya no le encuentra ni rastro de gata, y, obcecado hasta el fin en su yerro, la tiene por mujer en todo.

Mas cuando algunos ratones que rondaban la mesa llegan y turban la dicha de los recién casados, la mujer se pone, de repente, en cuatro patas. Huyen aquéllos, pero luego vuelven, y pónese la mujer al acecho; no la temen los ratones gracias a su nueva figura, que le sirve en verdad de cebo, y esta vez, por fin, los caza: ¡tal fuerza tiene lo natural!

Éste se burla de todo: llegados a cierto tiempo, el jarro rezuma y la tela toma arrugas. Vano es todo intento de contrariar su paso cotidiano; ni varas ni azotes consiguen reformarlo. Dadle con la puerta en las narices, y volverá por la ventana.

## EL LEÓN Y EL ASNO DE CAZA

Metiósele un día en la cabeza al rey de los animales, queriendo celebrar su cumpleaños, salir de caza mayor, que no son presa los gorriones, sino los robustos jabalíes, los gamos y los ciervos hermosos y exquisitos.

A fin de lograr su empeño, se sirvió de los buenos oficios del asno con su voz de Sténtor.[11] Cubrióle el león de ramas, apostándole en buen sitio, y le ordenó rebuznar con fuerza, muy convencido de que al oír el ruido, la tropa de las bestias, no acostumbrada a la borrasca de su voz, huiría, intimidada, de sus guaridas. Retumbó el aire con un fragor horrible; apoderóse el espanto de los habitantes del bosque; huían todos, y todos caían en la emboscada donde aguardaba el león.

—¿Qué? ¿Parece que me he portado bien? –dijo el asno al león, atribuyéndose la gloria del combate.

—Sí, a fe mía –repuso el león con burla–; tan valiente has gritado, que si no te conociera a ti y a tu casta, yo mismo me hubiera asustado.

El asno, de haberse atrevido, se hubiera encolerizado, aun cuando con razón de él se burlaban; pues, ¿quién podría sufrir a un asno fanfarrón? ¡Eso no va con su destino!

---

[11] Sténtor: guerrero cuya voz, según Homero, era tan fuerte como la de cincuenta hombres reunidos. De ahí el adjetivo *estentóreo,* retumbante.

## EL TESTAMENTO EXPLICADO POR ESOPO

Si cuanto se dice de Esopo es cierto, era entonces el oráculo de Grecia, reuniendo él solo más saber que el Areópago entero.[12] Vamos, pues, con una historia muy gentil, que será del agrado del lector.

Un hombre tenía tres hijas, las tres de muy distinto carácter: una borracha, la segunda coqueta y perfecta avara la tercera. Este hombre les dejó en su testamento todos sus bienes en partes iguales, obligadas a pagar cada una en dinero a su madre cuando dejaran de poseer su parte.

Muerto el padre, corren las tres mujeres a ver su testamento. Léenlo y tratan de entender la voluntad del muerto; pero es en vano, pues, ¿cómo comprender que en cuanto cada hermana no poseyera su parte de herencia tendría que pagar a su madre? ¡Mal medio es de pagar no tener bien ninguno! ¿Qué había querido decir el padre?

Consultado el asunto con los abogados, éstos dieron al caso vueltas y revueltas; pero, al fin, se confesaron vencidos, aconsejando a las herederas repartir los bienes sin preocuparse más. En cuanto al dinero de la viuda, esto es lo que el consejo encuentra –les dijeron–: que cada hermana se comprometa con un tercio, pagable a voluntad, a no ser que la madre prefiera una renta fija desde la muerte del padre.

Resuelta así la cosa, formáronse tres lotes: en uno, las casas de campo, las mesas, la vajilla de plata, las

---

[12] *Areópago*: colina de Marte en Atenas y tribunal supremo que allí se reunía, famoso por su sabiduría.

cubas y las jarras, las bodegas del malvasía, los criados de mesa y boca; en fin, para decirlo en dos palabras: todo el tren de la glotonería. En el segundo, cuanto sirve para la coquetería: la casa de la ciudad y los muebles exquisitos, los eunucos y las peinadoras, las costureras, las joyas, los vestidos lujosos. En el tercero el ajuar y las granjas, los rebaños y los prados, los gañanes y las bestias de labor.

Divididos los lotes, se dio a cada hermana lo que era más a propósito a su inclinación. Toda la ciudad de Atenas, donde aconteció el suceso, aprobó el reparto y la elección. Esopo únicamente halló que después de tanto tiempo y cavilaciones tantas, se había, al fin, tornado el testamento al revés.

—¡Si viviera el difunto –dijo–, cuántos reproches os haría, atenienses! Este pueblo que se precia de ser el más sutil, ¿tan mal ha entendido la última voluntad de un testador?

Luego de hablar así hizo el reparto él mismo, dando a cada hermana el lote contrario a su inclinación: a la coqueta, el lote que necesitan los bebedores; el ganado, a la borracha, y a la casera, las peinadoras. Tal fue la sentencia del frigio Esopo, sosteniendo que ningún medio más seguro para obligar a las hijas a vender sus bienes: así se casarían en el seno de buenas familias al verlas con dinero, y a su madre pagarían en dinero contante y sonante sin poseer los bienes legados por su padre. Tal era lo que decía el testamento.

Quedó asombrado el pueblo de que un hombre solo tuviera más sentido que tanta multitud de gentes.

# Libro tercero

EL MOLINERO, SU HIJO Y EL ASNO

Inventadas las artes desde lo antiguo, a la vieja Grecia debemos el apólogo, asimismo; pero no es éste un campo donde, por mucho que se coseche, no encuentren los recién llegados algo que espigar. La ficción es un país de amplias tierras desiertas, donde todos los días los autores pueden hacer descubrimientos.

Y quiero contar una historia, inventada con ingenio, que en otro tiempo Malherbe refirió a Racán.* Entrambos rivales de Horacio, herederos de su lira y discípulos de Apolo, confiábanse un día sus ideas y cuidados. Racán empieza del siguiente modo:

—Decidme, vos que tantas cosas conocéis de la vida, luego de pasar por todos sus escalones, y a quien en edad tan avanzada nada es fácil que se le escape: ¿qué camino debo seguir? ¡Ya es hora de que en ello piense! Conocéis mi cuna, mi fortuna y mi talento. ¿Debo establecerme en la provincia, sentar plaza de soldado o buscar un cargo en la corte? Todo en el mundo es una mezcla de amargura y de encanto: la

---

\* Malherbe (1555-1628), considerado como el reformador de la poesía francesa; Racán, su discípulo.

guerra tiene sus bellezas, y el himeneo sus alarmas. Si siguiera mi gusto, ya sabría adónde dirigirme. ¡Pero debo contentar a los míos, al pueblo y a la corte!

—¿Contentar a todo el mundo? Escuchadme esta historia antes de responderos. He leído en cierta parte que un molinero y su hijo, viejo el uno y el otro mozalbete, iban un día de feria a vender su asno. A fin de que llegara fresco y con mejor prestancia, atáronle los pies y lo suspendieron de un palo, transportándole padre e hijo como si fuera una lámpara. El primero que los vio en esa guisa, exclamó entre carcajadas: "¿Qué función van a representar esos rústicos? ¡No es el más burro de los tres al que por tal se tiene!" Oyendo el molinero estas palabras, comprende su ignorancia y planta el asno sobre sus patas. Éste, regalado con la otra forma de viaje, protesta en su lengua; pero el molinero, sin cuidarse de sus quejas, monta en aquél a su hijo y él marcha detrás.

En esto aciertan a pasar tres honrados mercaderes, y al ver el cortejo murmuran; el más viejo grita al mozalbete: "¡Vaya, jovencito, vaya! ¿Conque criados de barba cana? ¡Qué vergüenza! ¡Desciende del borrico y que suba el anciano!" "Os daremos gusto, caballeros", responde el molinero, y se apea el jovenzuelo, montando el viejo en el borrico. Pasan luego tres muchachas, y una de ellas prorrumpe: "¡Ved qué escándalo: el pobre niño arrastrándose, y ese haragán presumiendo en su asno como un obispo!" Piensa el molinero que el reproche es justo, y manda a su hijo que suba a la grupa. Pero al cabo de treinta pasos, una nueva tropa critica también al verlos; uno de ellos dice: "¡Mentecatos! ¡Cargar así a la pobre bestia! ¿No se compadecen de su viejo criado? ¡Encima irán a la feria para vender su pellejo!" "¡Demonio –exclama el molinero–, loco de remate está quien intente contentar a todo el mundo! Pero veamos si aún es posible conseguirlo". Se apean el padre y el hijo; el asno, sin la carga, marcha gravemente delante de ellos. Un quídam los encuentra y les pregunta: "¿Está de moda que el burro se solace y el molinero padezca? ¿Quién ha nacido para descansar: el amo o el asno? ¡Cuidan al burro y gastan las suelas! ¡Valiente trío de borricos!" A lo que replicó el molinero: "Verdad que soy un asno; lo confieso. Pero de aquí en adelante, me alaben o me censuren, digan o dejen de decir, haré lo que me parezca". Hízolo así, y lo hizo bien.

En cuanto a vos, amigo, seguid a Marte o al Amor o al príncipe; id, venid, galopad, vivid en la provincia; buscad mujer, convento, cargo o mando; es lo mismo: las gentes hablarán de ello, no lo dudéis un instante.

### EL ESTÓMAGO Y LOS MIEMBROS

Debí empezar mi obra por la realeza; viéndola desde cierto ángulo, el señor don Gáster[13] es su imagen: si padece él alguna cosa, todo el cuerpo se resiente.

Cansándose los miembros de trabajar para él, resolvió cada uno vivir como un hidalgo: sin hacer nada, a ejemplo del señor don Gáster.

---

[13] La Fontaine: *Messer Gaster*; griego *gaster*, vientre, estómago.

—¡Que viva del aire sin nosotros! —se dijeron—. Penamos y sudamos como bestias de carga. ¿Y para quién? ¡Para él solamente, pues nada nos aprovecha! Nuestros cuidados sirven sólo para buscarle comida. Holguemos, pues; hermoso oficio es éste.

Y dicho y hecho: las manos dejaron de asir, los brazos de moverse, las piernas de marchar, diciendo al señor don Gáster que buscara otros. ¡Caro error del que se arrepintieron! No tardaron los pobres en languidecer; el corazón no formaba nueva sangre, sufriendo de ello cada miembro y perdiendo las fuerzas. Así vieron los rebeldes que aquel a quien creían perezoso y parásito, contribuía más que ellos al interés común.

### EL LOBO PASTOR

Un lobo que empezaba a verse alejado de las ovejas de su comarca, pensó que necesitaba imitar a la zorra y convertirse en un nuevo personaje. Vístese, pues, de pastor; se pone una zamarra, coge un palo de cayada, sin olvidar tampoco el cuerno, y con ganas hubiera escrito en la montera: "Soy Manolón, pastor de este rebaño".

Transformado de esta guisa, echa los pies delante de la cayada, y el falso Manolón se acerca con cautela a Manolón el verdadero, tendido sobre la hierba, durmiendo profundamente; dormía también su perro; asimismo dormía la flauta, y la mayoría de las ovejas dormían igualmente. Dejóles dormir el ladino, y para conseguir arrastrar a las ovejas hacia su madriguera, quiso añadir al disfraz la palabra, creyéndolo necesario, con lo que echó a perder el asunto. Queriendo imitar la voz del pastor, logró tan sólo que el tono con que habló retumbara en el bosque, descubriendo su añagaza. Al ruido todos se despertaron: las ovejas, el zagal y el perro. En medio del estruendo, el pobre lobo, impedido por su zamarra, no pudo ni huir ni defenderse.

Siempre los bribones se dejan sorprender por algún descuido. El que sea lobo, que obre en lobo; esto es lo más seguro.

### LAS RANAS PIDIENDO REY

Cansadas las ranas del estado democrático en que vivían hicieron tanto ruido con sus clamores, que, al fin, Júpiter las sometió al poder monárquico, enviándoles desde el cielo un rey completamente pacífico.

Pero este rey, al caer en su charca, causó tan gran estruendo, que el pueblo que la habitaba, gente necia y muy miedosa, se ocultó bajo las aguas, en los juncos y en las cañas, en toda clase de agujeros, sin atreverse durante mucho tiempo a mirar cara a cara al que tenían por un gigantón truculento.

Ahora bien: era un madero, cuya rigidez aterró a la primera rana que para verle se aventuró a salir de su agujero. Acercóse a él, aunque temblando. Otra la siguió; luego una más y, por fin, un hormiguero. La tropa, al cabo, cobrando confianza, llegó a saltar sobre el lomo del rey-madero. Todo lo aguanta éste, guardando siempre silencio.

No tardaron con sus gritos en alborotar de nuevo la cabeza de Júpiter.

—¡Dadnos un rey que se mueva! –clama el pueblo del pantano. Y el monarca de los cielos les envía una grulla que empieza a atrapar ranas, a matarlas y engullirlas.

Las ranas de nuevo se quejan. Y Júpiter les dice:

—Debisteis conservar vuestro primer gobierno, y no lo hicisteis; tampoco os satisfizo vuestro primer rey, bonachón y tranquilo. ¡Contentaos, pues, con éste, no sea que encontréis otro más malo!

LA ZORRA Y EL CHIVO

Marchaba la zorra de capitana con un chivo su amigo, de los de mayor cornamenta; éste no veía más allá de su nariz, y la otra se pasaba de lista.

Obligóles la sed a descender a un pozo, y luego de aplacarla, hartos ya de beber, dijo la zorra al chivo:

—¡Compadre!, ¿qué hacemos ahora? Todo no está en beber; tenemos que salir del pozo. Levanta las patas y alza los cuernos, apoyándolos contra el muro; yo subiré primero, trepando por tu lomo y luego por tus cuernos; después te sacaré del pozo.

—¡Por mis barbas que es soberbio! –dijo el chivo–. Admiro a las personas listas como tú; a mí, lo confieso, no se me hubiera ocurrido tal procedimiento.

Salta la zorra fuera del pozo y deja dentro a su compañero, no sin exhortarle a tener paciencia.

—¡Si el cielo –dícele– te hubiera dado tanto juicio como barba tienes, no hubieras descendido al pozo tan ligeramente! ¡Adiós, amigo, trata de arreglarte, que tengo prisa y no me puedo detener en el camino!

Debemos, en todo, tener en cuenta su fin probable.

## EL ÁGUILA, LA GATA Y LA JABALINA

Cobijaba el águila a sus pequeñuelos en lo alto de un árbol hueco; al pie, los suyos, la jabalina y la gata en el centro. Y todas tan contentas, madres y crías, gracias a esta distribución. Mas la gata destruyó con su falacia la armonía. Trepando hasta el águila, le dijo:

—Nuestra muerte, y digo nuestra porque la de nuestros hijos es para nosotras nuestra misma muerte, no está lejos. ¿Ves a nuestros pies a esta maldita cerda escarbando sin parar el suelo para cavar una mina? ¡Seguro que lo hace para derribar el árbol y devorar a nuestros pequeñuelos una vez por tierra! ¡Ay, tan cierto es, que si hubiera de quedarme uno solo no me quejaría!

Márchase de este lugar, luego de sembrar el miedo, y la pérfida desciende al sitio donde, poco ha, había parido la jabalina.

—¡Querida amiga y vecina –le dijo por lo bajo–, voy a hacerte una advertencia! El águila, si te descuidas, se lanzará sobre tus hijos; pero guárdame el secreto, porque temo su ira.

Sembrando también el espanto en esta segunda familia, vuelve la gata a su agujero. El águila no se atreve a salir ni aun para buscar el sustento de sus hijos: menos aún la jabalina. Entrambas se obstinan en no salir para salvar a sus crías si llega la ocasión: el ave real, por temor a la mina; la hembra del jabalí, por miedo a su irrupción.

El hambre, al fin, lo destruye todo: nadie queda con vida en el nido del águila ni en la madriguera de la jabalina. ¡Magnífico banquete para los gatitos!

¡Qué no tramará una lengua traidora gracias a su hábil perversidad! De todos los males que escaparon de la caja de Pandora, aquel que a justo título más aborrece el mundo entero, según opino, es la falsía.

### EL BORRACHO Y SU MUJER

¿Quién no tiene su vicio, al que ni la vergüenza ni el temor corrigen?

Recuerdo a propósito un cuento, pues nada afirmo sin apoyarlo en un ejemplo. Un esclavo de Baco arruinaba su salud, su cabeza y su bolsa; personas por el estilo, apenas a mitad de su existencia, han acabado ya con todo su dinero. Cierto día, pues, en que nuestro hombre, lleno de jugo de la viña, había dejado sus sentidos en el fondo de una botella, su mujer le encerró en un sepulcro. Allí durmió la mona a pierna suelta. Al despertarse ve en su torno las pompas de la muerte: un sudario, unos cirios.

—¿Qué es esto? –exclama–. ¿Mi pobre mujer es viuda?

Ésta llega como una Euménide,[14] cubierta y cam-

---

[14] Las Euménides, llamadas por los romanos Furias, eran tres diosas, hijas de la Tierra y habitantes del Tártaro, la región más profunda del Infierno, encargadas de la persecución y castigo de los criminales. Se las re-

biando la voz, y se acerca al ataúd del supuesto muerto, presentándole un condumio digno del propio Lucifer. Ya no duda el marido de haberse convertido en ciudadano del Infierno.

—¿Quién eres tú? –le pregunta al fantasma.

—Soy la despensera del reino de Satanás –repuso la mujer–, y traigo de comer a los que habitan en la negra tumba.

Y el marido replica, sin pensar en ello:

—Y de beber, ¿no les llevas?

LA GOTA Y LA ARAÑA

Cuando el Infierno produjo la gota y la araña, les dijo al despedirlas:

—Hijas mías: podéis envaneceros de ser para la Humanidad igualmente temibles. Pensemos ahora en los lugares donde debéis habitar. ¿Veis esas estrechas cabañas y esos magníficos dorados palacios? Quiero que sean vuestras moradas. Ved estas dos pajitas: elegid o echad a la suerte.

—No me gustan las cabañas –dijo la araña en seguida.

Pero la otra, viendo los palacios atestados de unos hombres llamados médicos, pensó que no podía vivir en ellos a gusto y eligió el otro lote, plantando allí sus reales. Y sin más ceremonia se aloja en el pulgar del pie de un infeliz, diciendo:

---

presentaba con la cabellera entrelazada de serpientes, llevando, en una mano, una antorcha y en la otra un puñal.

—¡No creo que en este sitio nunca huelgue, ni que nunca Hipócrates me obligue a marchar con la música a otra parte!

La araña, en tanto, se instala en un techo, como si lo tuviera arrendado de por vida, y pónese a trabajar para no mudarse, dando fin en poco tiempo a su tela. Ved las moscas en ella prendidas, y una criada que barre la obra laboriosa. Otra tela está a punto, y un nuevo escobazo. La pobre bestezuela muda de lugar todos los días, y, al fin, tras sus intentos vanos, va en busca de la gota. Ésta vivía en el campo, más desgraciada que la más infeliz araña. Su huésped la llevaba ora a cavar, ora a cortar la leña, pues, dícese que gota maltratada, es gota casi curada.

—¡Oh –exclama la gota al verla–, ya no puedo resistir! ¡Cambiemos de lugar, hermana araña!

Ni corta ni perezosa, ésta penetra en la cabaña: aquí no hay escoba que la expulse. Y la gota se aloja en un prelado, al que condena a no salir del lecho.

¡Válgame Dios las cataplasmas! No importa a los hombres que el daño vaya de mal en peor. Y así la una y la otra encontraron su suerte, cambiando sabiamente de morada.


## EL LOBO Y LA CIGÜEÑA

Comen los lobos como glotones, y uno de ellos, hallándose de festín, diose tal prisa, dicen, que pensó perder la vida, pues, para su desdicha, un hueso se le quedó atravesado en la garganta. Por suerte para este lobo, que ni gritar podía, acertó a pasar muy cerca una cigüeña. La llamó el lobo; ella acudió. Púsose la cirujana a la tarea y, extraído el hueso, reclamó su salario.

—¿Tu salario? –dijo el lobo–. ¡Estás borracha, comadre! ¿No tienes aún bastante con haber sacado libre tu cuello de mi garganta? ¡Vete, ingrata, y no vuelvas a caer entre mis fauces!

## EL LEÓN VENCIDO POR EL HOMBRE

Se exponía una pintura en que el artista había trazado un enorme león abatido por un solo hombre. Los que miraban el cuadro se envanecían. En esto pasó un león que amargó su insulsa charla.

—Ya veo –dijo– que ahí os dan la victoria; pero el artista os ha engañado, teniendo libertad para pintar una ficción. ¡Con cuánta más razón seríamos nosotros los vencedores si mis hermanos supieran pintar!

## LA ZORRA Y LAS UVAS

Cierta zorra gascona, otros dicen que normanda, de hambre casi muerta, colgando de una parra vio unas hermosas uvas, cubiertas de piel bermeja. ¡Gran banquete se hubiera dado la bribona! Pero no pudiendo llegar a ellas, dijo:

—¡Puah, están verdes! ¡Quédense para los gañanes!

¿Qué mejor podía hacer que desdeñarlas?

## EL CISNE Y EL COCINERO

En un corral poblado de abundantes aves, vivían entre ellas el cisne y el ganso, el primero consagrado al regalo de la vista del amo, y el segundo destinado al regalo de su paladar. Picábase el uno de comensal del jardín, y el otro de la casa. Daban sus paseos por los fosos del castillo, y ora se les veía nadar juntos, ora correr sobre las ondas, ora sumergirse, sin nunca saciar sus vanos apetitos.

Un día el cocinero, más que bebido, tomó al cisne por el ganso, y ya se disponía, asiéndole por el cuello, a degollarlo para echarlo al caldero, cuando el ave, próxima a la muerte, eleva al cielo su lamento. Se sorprende el cocinero y ve su yerro al instante.

—¡Con tal cantor –exclama– iba yo a hacer una sopa! ¡Oh, no! ¡Quieran los dioses que nunca mi mano corte la garganta de quien tan bien sabe emplearla!

Esto enseña que entre los peligros que tras nosotros cabalgan, el dulce parlar en nada perjudica.

## EL LOBO Y LAS OVEJAS

Tras mil años y más de guerra declarada, concertaron la paz los lobos con las ovejas. Ésta parecía convenir a las dos partes, pues si los lobos devoraban alguna que otra oveja descarriada, los pastores, en cambio, con sus pieles se hacían excelentes zamarras. Así no había libertad para los pastos ni tampoco para las matanzas. Disfrutaban unas y otros de sus bienes, temblando siempre de miedo. Firmóse, pues, la paz, con cambio de rehenes, en las formas de costumbre y en presencia de comisarios: dieron los lobos sus crías, y las ovejas sus perros.

Al cabo de cierto tiempo, los lobeznos ya eran lobos, con ansias de hacer una carnicería; esperan el momento en que están ausentes los pastores, y degüellan a la mitad de los corderos, escogiendo a los más gordos y llevándoselos con los dientes a los bosques, después de advertir en secreto a sus parientes. Los perros, mientras tanto, confiados en el tratado, descansaban tranquilos, y durmiendo murieron degollados, sin que escapara uno solo.

Podemos sacar de aquí la conclusión siguiente: que a los malvados conviene hacer sin descanso la guerra. En sí la paz es buena, esto lo acepto; pero ¿de qué sirve con enemigos sin fe?

### EL LEÓN ENVEJECIDO

El terror de las selvas: el león, cargado de años y llorando su antigua fortaleza, viose, al fin, atacado por sus antiguos súbditos, envalentonados por su debilidad.

Acércase el caballo y le da una coz; luego el lobo una dentellada, y una cornada el buey. El desdichado león, moribundo, triste y sombrío, apenas puede rugir, aniquilado por los años. Sin quejarse espera el fin de su destino; pero viendo al asno correr también hacia su morada, exclama:

—¡Esto es demasiado! ¡Morir lo acepto, pero sufrir tus ofensas es morir dos veces!

## FILOMELA Y PROGNE

Progne, la golondrina en otro tiempo, se alejó de su nido para reunirse en el bosque con la infeliz Filomela.[15]

—¿Cómo te va, hermanita? –le dijo–. ¡Hace ya mil años que no nos vemos! No recuerdo que hayas venido desde los tiempos de Tracia a vivir entre nosotras. ¿Qué piensas hacer ahora? ¿No abandonas este lugar solitario?

—¡Oh! ¿Es que hay otro más benigno? –repuso Filomela.

—¿Cómo? –exclamó Progne–. ¿Para qué te sirve esa voz musical si sólo cantas a los animales o cuando más a un rústico? ¿Hízose el desierto para talentos tan hermosos? ¡Ven conmigo a las ciudades a dar brillo a sus bellezas! Viendo además estos bosques, recordarás constantemente que Tereo un día, en parecida morada, brutalizó tus divinos encantos.

—Justamente por el recuerdo de tan cruel ultraje –replicó su hermana– no quiero seguirte. ¡Contemplando a los hombres, aún más lo recordaría!

---

[15] Otra leyenda mitológica: Filomela, hija de Pandión, rey de Atenas, y hermana de Progne, mujer de Tereo, rey de Tracia, fue violada por su cuñado, el cual le cortó la lengua después para que no pudiera descubrirlo. Pero Filomela pintó en un lienzo la escena y se lo mandó a su hermana Progne. Las dos hermanas, para vengarse, mataron a Itys, hijo de Tereo, sirviéndoselo en un banquete. Ambas escaparon al furor de Tereo, pero fueron cambiadas en ruiseñor (Filomela) y en golondrina (Progne).

## LA MUJER AHOGADA

No soy de los que dicen: "¡Bah, no es nada! ¡Una mujer que se ahoga!" Digo al contrario que es mucho, pues bien merece este sexo, alegría de nuestra vida, que lamentemos sus desgracias.

Viene a cuento lo que digo, porque se trata en esta fábula de una mujer que en la corriente de un río puso fin a sus días. Buscaba su marido el cuerpo para darle sepultura, y así llegó a la orilla del río causante de su desdicha. A los que por allí pasaban, preguntóles el cuitado si habían visto rastros de su mujer en algún sitio.

—No los vimos –contestó uno–; pero buscadla más abajo, siguiendo el agua del río.

—No, no hagáis tal –replicó el otro–; volved mejor hacia arriba. No importa adónde vaya la corriente: el espíritu de contradicción hará flotar su cuerpo en sentido contrario.

La burla era, cierto, inoportuna. En cuanto al espíritu contradictorio, ignoro si el hombre tenía razón. Siendo o no esta manía defecto e inclinación del sexo femenino, es claro que quienquiera nazca con ella, con ella morirá seguramente, llevando la contraria hasta el fin, y si puede aún más lejos.


## LA COMADREJA EN EL GRANERO

La señorita comadreja, de cuerpo largo y fino, penetró en un granero por un agujero muy estrecho. Acababa de estar enferma; pero allí, entregada a sus anchas a la buena vida, royó y comió sin tasa. ¡Dios sabe la carne y el tocino que en trance tal perecieron! En fin, al cabo de la semana, vedla gorda, henchida, mofletuda. Pero de pronto oye un ruido y quiere salir por el agujero; mas como no lo consigue, cree haberse engañado; busca por todas partes y al cabo exclama:

—¡Ése es el sitio! ¡Qué sorpresa! ¡Si entré por aquí hace cinco o seis días!

Un ratón que la contemplaba se le acerca y le dice:

—¡Entonces tenías la panza más ligera!

Esto podría aplicarse a muchos; pero no confundamos, por profundizar, unas historias con otras.

## EL GATO Y EL RATÓN VIEJO

En un fabulista he leído que un segundo Rodilardo,[16] Alejandro de los gatos y Atila de los ratones, Cancerbero exterminador, era el terror del mundo ratonil en una legua a la redonda, pues se había empeñado en despoblar de ratones el universo. Cepos y ratoneras eran un juego junto a este gato. Viendo ya que los ratones, encerrados en sus agujeros, no se atrevían a salir, sin encontrar ninguno por mucho que buscaba, el bribón se hace el muerto, colgado cabeza abajo de un madero, pero sujeto a éste por las patas.

El pueblo ratonil cree que se trata de un castigo; que ha robado un queso o tal vez un asado, arañado a alguien o causado algún daño, y que por eso ha sido, al fin, colgado. Todos esperan reírse en su entierro;

---

[16] Segundo Rodilardo con relación al primero, que aparece en Rabelais.

asoman el hocico, luego la cabeza, por fin, las cuatro patas, y corren en busca de comida. ¡Pero no contaban con la huéspeda! El muerto resucita y atrapa a los más cercanos, diciendo al tiempo que los engulle:

—Es una vieja estratagema; vuestras hondas cavernas no os salvarán, os lo aseguro, pues sé más de un engaño.

Y decía verdad el muy ladino. Por vez segunda los engaña: blanquea con harina su pelaje y, disfrazado de tal suerte, se acurruca en un armario abierto. La menuda gentecilla corre a buscar la muerte. Sólo un viejo ratón de mucha escama, rabicorto en pretérita pelea, desconfía y se abstiene de acudir al cebo gritando desde lejos al Atila:

—¡No me la das con queso, amigo, aunque parezcas harina! Fueras un saco, y no me acercaría.

Apruebo su prudencia: era experimentado y sabía que la desconfianza es la madre de la seguridad.

# Libro cuarto

EL LEÓN ENAMORADO

En los tiempos en que los animales hablaban, los leones, entre otros, pretendían nuestra amistad. Y ¿por qué no, puesto que su raza entonces valía tanto como la nuestra, dotada como estaba de valor, de inteligencia y prestancia? Ved de qué manera ocurrió la cosa.

Un león de alta estirpe, al pasar por cierto prado, encontró a una pastora de la que se enamoró al instante. Pidióla, pues, en matrimonio. Hubiera el padre deseado un yerno menos temible; dársela le parecía harto doloroso; negársela, poco seguro. Hasta fuera posible que ante su negativa, una buena mañana se efectuara una unión ilegítima, pues, aparte de que la muchacha se inclinaba por los arrogantes, una doncella se encapricha fácilmente de un enamorado de hermosa cabellera. No atreviéndose, en fin, a dar calabazas al pretendiente, le dijo con muchas precauciones:

—Mi hija es harto delicada; con estas uñas podríais herirla al acariciarla; permitid, pues, que os las corten. En cuanto a los dientes, que al mismo tiempo os los limen; vuestros besos serán más dulces.

El león estaba tan ciego, que a todo consiente. Al cabo, sin uñas y sin dientes, parecía un fuerte desmantelado. Soltáronle entonces unos perros, y el león inválido apenas pudo defenderse.

¡Amor, amor! Cuando nos subyugas, ya podemos decir:

"¡Adiós, prudencia!"


EL PASTOR Y EL MAR

Con la renta de un rebaño, viviendo sin cuidados, un vecino de Anfitrite[17] se contentó durante mucho tiempo. Si pequeña era su fortuna, al menos, era segura. Mas, al fin, los tesoros descargados en la playa le tentaron de tal manera, que acabó por vender su rebaño, trocándolo por dinero; pero éste, una vez colocado sobre las olas para dedicarlo al comercio, pereció en un naufragio. Viose obligado su dueño a guardar de nuevo las ovejas, pero ya no fue el dueño, como cuando sus propios carneros pacían en la ribera. El que se vio Tirsis o Coridón, se encontró cambiado en Pierrot, y muchas gracias.

Al cabo de cierto tiempo volvió a comprar un rebaño con sus ganancias, y un día en que los vientos, conteniendo su soplo, permitían a las naves abordar suavemente a la orilla, nuestro pastor les dijo:

—¿Queréis aún más dinero, oh aguas pérfidas? ¡Dirigíos a otro, que el mío ya no lo pescaréis otra vez!

Esto no es un cuento que yo haya inventado. Me sirvo de la verdad para enseñar con la experiencia, que más vale un escudo seguro que cinco en esperan-

---

[17] Anfitrite, hija del Océano, diosa del mar y esposa de Neptuno.

za; que debemos contentarnos con nuestra suerte; que a los consejos del mar de la ambición debemos prestar oídos sordos, pues por uno que se regocije de escucharlos, diez mil se quejarán. Promete el mar montones de maravillas. ¡Desconfiad! Detrás vendrán los vientos y los ladrones.

## LA MOSCA Y LA HORMIGA

Disputaban la mosca y la hormiga sobre sus virtudes.

—¡Oh, Júpiter! –dijo la primera–, ¿es posible que el amor propio ciegue a los espíritus de tal manera, que un animal vil y rampante se atreva a compararse con la hija del aire? Yo visito los palacios y me siento a tu mesa. Si un buey te inmolan, antes que tú yo lo pruebo. ¡Mientras la miserable hormiga vive tres días con una pajita que arrastra a su cueva! Pero dime, preciosa: ¿transitas alguna vez por la cabeza de un rey o de una hermosa? ¡Yo sí lo hago! Y cuando me viene en gana, beso un bello seno. Entre los cabellos de una dama me solazo. Realzo con una sombra la blancura de la piel, y cuando una mujer coqueta da el último toque a su belleza, un ala de mosca es su recurso.[18] ¡Háblame ahora de tus graneros!

—¿Has terminado? –repuso la casera hormiga–. Visitas los palacios, pero te maldicen. Gustas la pri-

---

[18] Moda de las coquetas del siglo XVII, que para contrastar el cutis blanco se adherían al rostro unos pedacitos de tafetán o de terciopelo negro, llamados *mouches*, moscas.

mera los sacrificios a los dioses; pero ¿vale más esto? Si en todas partes entras, también lo hacen los profanos. Que te plantas en las testas de los reyes y de los asnos, no lo niego. Mas sé que una muerte brutal es a menudo el premio de tu impertinencia. Y que cierto lunar, según dices, embellece a las damas, pues es negro como tú y como yo, aunque lo llaman "mosca",[19] ¿es motivo bastante para cacarear tus méritos? ¿No os llaman también parásitos a las moscas? ¡Calla ya tan vano lenguaje! Las moscas son ahuyentadas, los moscardones[20] ahorcados. De hambre os morís, y de frío, de abandono y de miseria. Cuando Febo se encuentre en el opuesto hemisferio, yo gozaré del fruto de mis trabajos. No tendré que ir por valles ni por montes expuesta al viento y a la lluvia. Viviré sin tristeza: los cuidados de ahora me librarán de los cuidados futuros. Y con esto os enseñaré cuál es cierta y cuál es falsa gloria, ¡Adiós, que pierdo el tiempo y no me dejas trabajar! ¡No se llenan mi armario y mi granero charlando tontamente!

### EL JARDINERO Y SU SEÑOR

Un individuo mitad burgués, mitad patán, jardinero de afición, en cierto lugar poseía un jardín muy bien cuidado y cercado. El hombre había cerrado su coto con plantas vivaces; allí crecían en libertad la acedera y la lechuga, escasos jazmines de España, pe-

---

[19] Véase la nota anterior.
[20] Moscardones: espías.

ro abundante tomillo. Mas este paraíso fue turbado por una liebre, y nuestro jardinero fue a quejarse al señor del burgo.

—Este animal maldito –le dijo–, día y noche viene a llenarse la boca. Ríese de los lazos, y se burla de los palos y las piedras. En mi opinión, es brujo.

—¿Brujo? –repuso el señor–. ¡No le valdrá conmigo! ¡Fuera el diablo, y mi perro lo atraparía en seguida! Yo te libraré del bicho, buen hombre, a fe mía.

—¿Y cuándo?

—Mañana mismo; confía.

Cerrado el trato, al otro día llega el señor con sus gentes.

—¡Venga el almuerzo! –grita–. ¿Tienes pollos tiernos? ¡Eh, muchacha, acércate acá que te veamos! ¿Cuándo la casamos, buen hombre? ¡Tendrás que rascarte entonces la talega!

Y diciendo estas palabras, sienta a su lado a la hija del rústico, le coge una mano, luego un brazo, alza la punta del pañuelo, libertades todas de las cuales se defiende la doncella con gran respeto. El padre al fin se escama, mientras se hace gran ruido en la cocina.

—¿De cuándo son tus jamones? ¡Tienen muy buena cara!

—Señor, son para vos.

—Bien, bien; de corazón los recibo.

Almuerza el señor con abundancia, y lo mismo hace su tropa, perros, caballos, criados, todos con gran apetito. Manda en casa de su huésped; tómase libertades, bebe su vino, acaricia a su hija. Al fin, el estrépito de los cazadores sucede al almuerzo. Todos se animan y se preparan. Suenan cuernos y trompetas. El rústico está boquiabierto.

Y fue lo peor del caso que el pobre jardín y sus legumbres quedó destrozado en un momento. ¡Adiós plantas y hortalizas! ¡Adiós el rústico puchero! La liebre, en tanto, se oculta bajo una berza gigante; lanzan tras ella los perros; huye la infeliz por un agujero. ¡Digo un agujero! ¡Una brecha ancha y horrible mandada hacer por el señor en el seto, para poder salir del huerto a todo galope!

El patán se lamenta: ¡Caray con los juegos de príncipes! Hombres y perros hicieron más daño en una hora que hubieran podido hacer en un siglo todas las liebres del reino.

Resolved entre vosotros, pequeños príncipes, vuestras querellas. Si llamáis a los reyes, seréis bien locos. ¡No los mezcléis en vuestros asuntos ni los dejéis entrar en vuestras tierras!

EL ASNO Y EL PERRITO

No forcemos nuestro talento, que nada haríamos con gracia. Nunca un zafio, haga lo que quiera, podrá pasar por un hombre de espíritu. Pocos son los que, amados por el cielo, recibieron al nacer el don de saber ser agradables.

Sepamos esto para no parecer al burro de la fábula; el cual, para hacerse grato a su amo, quiso acariciarle.

—¿De modo que este perro –decía para sí el asno–, por ser un zalamero, vive mano a mano con el amo y con el ama, mientras a mí me tratan a palos? ¿Y qué hace para eso? ¡Alza la pata y le besan luego! Si hay que hacer otro tanto para que a mí también me acaricien, eso no es cosa del otro mundo.

Y animado por esta idea sublime, viendo al amo muy contento va hacia él torpemente, alza la pata hasta su barbilla con intención amorosa, y acompaña su atrevimiento, para mayor encanto, con su voz delicada.

—¡Oh, oh, qué caricia y qué música! –exclama el amo al instante–. ¡Ven acá, Martín, con el palo!

El asno cambia de tono y aquí termina la comedia.

LA BATALLA DE LAS COMADREJAS Y LOS RATONES

El pueblo de las comadrejas, parejo al de los gatos, ningún bien desea a los ratones, y, de no ser por las estrechas entradas de sus habitaciones, creo que el animal de largo lomo llevaría a cabo con aquéllos inmensas carnicerías.

Un año que de ratones había abundante cosecha, Ratapón, su rey, se puso en marcha con un ejército; las comadrejas, a su vez, desplegaron el estandarte de la guerra. Si creemos a la fama, la victoria resultó indecisa; pero las pérdidas más atroces sufriólas dondequiera el ejército ratonil. Total fue su derrota, no obstante los esfuerzos de Artapax, Psicarpax, Meridarpax,[21] capitanes de ratones que, cubiertos de pol-

---

[21] Nombres tomados de la *Batracomiomaquia*: batalla de las ranas y los ratones.

vo, sostuvieron largo tiempo el ardor de sus guerreros. Vana fue su resistencia. Tuvieron que ceder al hado adverso. Todos huyeron velozmente, soldados y capitanes. Sus príncipes todos perecieron. El montón, que en sus agujeros tenía segura la retirada, salvóse, al fin, sin gran esfuerzo. Pero los grandes señores, cada cual con su penacho, los cuernos o su plumero, bien como emblemas de honor o para asustar a las comadrejas, para desgracia suya no hallaron agujero, grieta o hendidura bastante grandes para ellos; mientras el populacho se colaba por los menores resquicios. La matanza principal fue, pues, de los principales ratones.

Una cabeza adornada, es siempre gran embarazo. Un tren soberbio a menudo puede atascarse en el camino. En toda dificultad los humildes fácilmente se libran; pero los notables no pueden hacerlo.

### EL DELFÍN Y EL MONO

Tenían los griegos la costumbre, viajando por el mar, de llevar en sus navíos perros y monos con ellos. Un barco con tal equipaje naufragó cerca de Atenas. De no ser por los delfines, nadie se hubiera salvado. Este animal es muy amigo del hombre, cuenta Plinio en su historia,[22] y debemos creerle.

Salvaron, pues, los delfines cuanto pudieron. Hasta un mono en este trance, gracias a su parecido humano, creyó poder deberles la vida. Un delfín que le

---

[22] Plinio el Antiguo, IX, 8.

tomó por un hombre iba ya a dejarlo salvo y sano en la orilla, cuando por azar le pregunta:

—¿Eres tú de la gran Atenas?

—Soy —contestó el mono—, y muy conocido. Si un día me necesitas... puedes buscarme; mis parientes ocupan los principales puestos, un primo mío es arconte.

—Infinitamente agradecido —repuso el delfín—. ¿También el Pireo[23] tiene el honor de conocerte? ¿Le ves, me figuro, muy a menudo?

—Todos los días; es gran amigo mío desde hace muchos años.

(El macaco tomó el nombre de un puerto por el de una persona. Nada tiene de extraño, pues hay muchos que confunden cualquier burgo con Roma, y hablando a tontas y a locas, dicen todo lo que no han visto.)

Ríese el delfín y vuelve la cabeza, advirtiendo, al ver el mono, que del fondo de las aguas sólo ha salvado un macaco. Con lo cual lo lanza de nuevo al mar, yendo a buscar algún hombre para salvarlo si puede.

EL HOMBRE Y EL ÍDOLO DE MADERA

Un pagano en su casa adoraba a un dios de madera, uno de esos dioses que son sordos, aunque les pongan orejas. El pagano, sin embargo, esperaba de él maravillas, y el dios le salía tan caro como tres. Todo eran votos y ofrendas, sacrificios de bueyes coronados de guirnaldas. Jamás conoció ídolo alguno co-

---

[23] El Pireo, puerto en Atenas.

cina tan bien provista, sin que, a pesar de este culto, a su adorador le tocara en suerte una herencia, un tesoro, una fortuna en el juego ni gracia ninguna. Aún más: si en algún rincón del cielo asomaba una tormenta, la bolsa del hombre sufría y la pitanza del dios aumentaba. Cansado, al fin, de no obtener nada, cogió una barra y destrozó su ídolo, encontrándolo, ¡oh sorpresa!, lleno de monedas de oro.

—Mientras te colmé de presentes –dícele al dios–, ¿me has valido ni siquiera un óbolo? ¡Vete de mi casa y busca otros altares! Te pareces a los patanes, estúpidos y groseros, de quienes nada puede sacarse, si no es a palos. Cuanto más te daba, más vacías estaban mis manos. ¡Hice bien hablándote en otro tono!

EL GRAJO ADORNADO CON LAS PLUMAS DEL PAVO REAL

Un pavo real se hallaba en la época de muda, y un grajo tomó sus plumas, colocándoselas como pudo. Así adornado fue a presumir entre los pavos reales, orgulloso como un gran personaje.

Pero fue reconocido, y viose escarnecido, burlado, silbado y desplumado por los señores pavones. Y refugiado luego entre los de su misma casta, éstos también lo pusieron de patitas en la puerta.

Muchos grajos hay como éste de dos patas que a menudo se adornan con las plumas ajenas, llamados comúnmente plagiarios. Pero voy a callarme, pues no es mi intento ocuparme de lo que no me importa.

## LAS CAÑAS Y EL CAMELLO

El primero que vio un camello huyó despavorido. El segundo se acercó. El tercero le puso un cabestro. La costumbre con todo nos familiariza. Lo que al pronto nos parece singular y terrible, se hace habitual a nuestros ojos cuando se muestra continuamente. Y viene a cuento lo que sigue.

Unos hombres en acecho vieron sobre las aguas a lo lejos cierto objeto, antojándoseles un poderoso navío. Momentos después les pareció un brulote; luego una barquilla; en seguida un bulto, y, por fin, unas cañas que flotaban sobre las ondas.

Conozco a muchos por esos mundos a quienes convendría este cuento: de lejos son algo y de cerca, nada.

## EL RATÓN Y LA RANA

Como Merlín decía un día, quien quiere engañar a otro, se engaña a sí mismo con frecuencia.

Un ratón muy bien portado, gordo y bastante nutrido, que no conocía el ayuno ni la vigilia, a la orilla de un pantano recreaba su espíritu. Se acercó una rana al feliz personaje y díjole en su lengua:

—Venid a mi palacio, que deseo obsequiaros con un festín.

Aceptó el ratón al instante mismo, sin necesidad de más razones. Ella, sin embargo, alega las delicias del baño, la curiosidad y el placer del viaje, cien rarezas que ver a través del pantano; un día a sus nietos contaría las bellezas del paraje, las costumbres de sus moradores y el gobierno de la república acuática. Sólo un detalle retenía al pillastre: apenas sabía nadar, y necesitaba ayuda. Remedio la rana encuentra en seguida: ata la pata del ratón a la suya, gracias a un pedazo de flexible junco.

Dentro ya del pantano, trata la comadre de arrastrar a su invitado al fondo, contra el derecho de gentes y la fe jurada, prometiéndole una olla de excelente caza. Ya la bribona en imaginación lo devora. Invoca el ratón a los dioses; la pérfida se ríe. Él resiste; ella tira. Y mientras tiene lugar este combate, un milano que planea en el aire ve desde lo alto la escena. Lánzase raudo, apresa al ratón y también, gracias al lazo, a la rana. De la doble presa el pájaro está muy contento, teniendo para cenar de esta manera carne y pescado.

El engaño mejor urdido puede dañar a quien lo inventa. A menudo la perfidia recae sobre su autor.

### EL TRIBUTO DE LOS ANIMALES A ALEJANDRO

Daba crédito la antigüedad a una fábula, sin que se me alcance el motivo. Encárguese el lector de la conseja; yo voy a contar la fábula desnuda.

Propagó la Fama a los cuatro vientos que un hijo de Júpiter, un tal Alejandro, dispuesto a que nada quedase libre bajo los cielos, ordenaba que sin demora se rindiera a sus pies cuanto hubiera de vivo en la tierra: humanos y cuadrúpedos, elefantes y gusanos, sin olvidar las repúblicas de los pájaros. En fin, la diosa de las cien bocas sembró dondequiera el espanto, publicando el edicto del nuevo emperador.

Bestias y fieras, obedientes sólo hasta entonces a sus apetitos, creen llegada la hora de sufrir otras leyes. Dejan todas sus cubiles y madrigueras, y se reúnen en el desierto. Luego de cambiar sus opiniones, deciden rendir homenaje y pagar tributo. El mono fue encargado del modo y discurso del juramento de vasallaje, dándole por escrito aquello que querían fuese dicho. Sólo el tributo los dejó perplejos. ¿De dónde sacar el dinero? Un príncipe servicial que en su reino poseía varias minas de oro, les prestó cuanto pidieron. Al tratar del transporte del tributo, el asno y el mulo se ofrecieron, asistidos por el caballo y el camello. Pónense en marcha los cuatro, en compañía del mono, embajador plenipotenciario.

Por fin, la caravana en su camino encuentra al señor león, tropiezo que no fue por cierto de su gusto.

—¡Ajajá –les dice éste–, me alegro de nuestro encuentro! Seremos compañeros de viaje; yo también iba a ofrecer mi parte de tributo. Pero, aunque ligero, todo peso me fatiga. Por favor, llevadme cada uno una cuarta parte. Para vosotros no será una carga excesiva, y yo me encontraré más libre y preparado en caso de que los ladrones nos ataquen.

Raramente se ha visto negar nada a un león. Vedlo admitido, descargado, recibido con albricias y, no obstante, el héroe de Júpiter,[24] banqueteando a costa de la bolsa pública. De este modo llegan a un prado rodeado de arroyuelos y sembrado de flores, donde los pacíficos carneros buscaban su sustento. No hizo

---

[24] Alejandro.

más que llegar a él el león, y a sus compañeros se queja de encontrarse enfermo.

—Proseguid vuestra embajada –les dice–; siento en el estómago un ardor que me abrasa y voy a buscar en este campo alguna hierba que me cure. No perdáis vuestro tiempo; devolvedme el dinero, que puedo necesitarlo.

Abren las talegas, y el león prorrumpe en gritos de alegría:

—¡Santos dioses, y cuántas hijas han parido mis piezas de oro! ¡Mirad, mirad: la mayoría ya son tan grandes como sus madres! Está claro que las crías también me pertenecen.

Y diciendo esto recogió todo el oro, y si no todo, apenas dejó nada. El mono y los cuatro animales de carga, estupefactos, continuaron su camino sin atreverse a rechistar. Dícese que se quejaron al hijo de Júpiter y que no les dio la razón.

¿Qué hubiera podido hacer? ¿Un león contra otro león? Si dos corsarios entre sí se atacan, descuidan sus asuntos.


EL CABALLO QUE QUISO VENGARSE DEL CIERVO

No en todo tiempo los caballos nacían para los hombres. Cuando el género humano se contentaba con los frutos de los árboles, el asno, el caballo y la mula habitaban en los bosques, y no se veían, como en el siglo en que vivimos, tantas sillas y tantos arreos, tanto arneses de guerra, tantos coches y carrozas, ni tantos festines y jaranas.

En aquellos tiempos un caballo tuvo una cuestión con un rapidísimo ciervo. No pudiendo alcanzarlo a la carrera, pidió la ayuda del hombre, implorando su ingenio. El hombre le puso un freno, saltó sobre su lomo y no le dio reposo hasta cazar al ciervo y quitarle la vida. Logrado lo cual, el caballo da las gracias a su bienhechor, diciéndole:

—Disponed de mí cuando lo necesitéis; yo vuelvo a mi existencia salvaje.

—De ninguna manera –repuso el hombre–; he visto cuán útil sois. Quedaos, pues, entre nosotros; seréis muy bien tratado, sin que nunca os falte el pienso.

—¡Ay! ¿Qué vale la mesa puesta si no se tiene libertad?

Comprendió el caballo que había hecho una locura; pero ya era tarde: la cuadra y el pesebre le esperaban ya recién construidos. Y allí murió arrastrando su cadena. ¡Cuánto más sabio hubiese sido perdonando una ligera ofensa!

Por grande que sea el placer de la venganza, resulta demasiado caro comprarlo al precio de un bien sin el cual nada valen los restantes.

## LA ZORRA Y EL BUSTO

Los grandes son en su mayoría como máscaras del teatro; su aspecto intimida al vulgo idólatra. El asno juzga sólo lo que ve de ellos; mas, en cambio, la zorra, los examina a fondo, volviéndolos en todos sentidos; y cuando, al fin, descubre que su conducta no pasa del gesto, les aplica la frase que a una de ellas inspiró el busto de un personaje.

Era un busto hueco, de tamaño mayor que el natural; la zorra, alabando el esfuerzo del escultor, dijo:

—¡Hermosa cabeza, pero sin seso!

¡Cuántos grandes son como este busto!

### EL LOBO, LA CABRA Y EL CABRITILLO

Para llenar sus lánguidas ubres, paciendo en la hierba nueva, cerró la cabra su puerta con el pestillo, no sin antes decir a su cabritillo:

—Hijo mío: si quieres guardar tu vida, no abras si no te dicen como santo y seña: ¡Al diablo el lobo y su gentuza!

Pero al decir estas palabras, acierta a pasar el lobo y se las graba en la memoria. La cabra, como puede imaginarse, no había visto al glotón.

En cuanto vio a la cabra lejos, el lobo, imitando hipocritón su tono, pide que le abran, diciendo: "¡Al diablo el lobo y su gentuza!", creído en que entraría al instante. Pero el cabritillo mira desconfiado por una rendija y responde:

—¡Enséñame tu pata blanca, si no no abro!

Pata blanca no suelen, como es sabido, gastar los lobos. Y el nuestro, muy sorprendido oyendo esa respuesta, se retiró como había venido. ¿Qué hubiera sido del cabrito si hubiese confiado en el santo y seña oído por el lobo astuto?

Dos seguridades valen más que una, y el exceso de precauciones nunca hizo mal.

## EL LOBO, LA MADRE Y EL NIÑO

Ese lobo me recuerda a otro de su camada que fue pillado mejor todavía. Vamos con su historia.

Tenía un rústico su vivienda en sitio bastante alejado. Esperaba a la puerta el señor lobo por ver si caía algo, pues había visto salir de allí caza de toda clase: terneras, cabras y corderos, regimientos de pavos; en fin, abundantes provisiones. Pero el ladrón empezaba a cansarse de la espera, cuando oyó llorar a un niño. Ríñele la madre al momento y amenaza, si no se calla, con dárselo al lobo. El rapaz se prepara, dando a los dioses las gracias por semejante aventura. Pero la madre esta vez, acallando a su hijito, dice:

—¡No llores, niño; si viene el lobo lo mataremos!

—¿Qué es esto? –exclama el devorador de carneros–. ¡Primero dice una cosa, y luego otra! ¿A mí me tratan de este modo? ¿Me han tomado por un necio? ¡Que venga un día ese crío al bosque buscando grillos!

Mientras estaba en este monólogo, alguien sale de la casa; un perro le corta el paso; venablos y horquillas le atraviesan.

—¿Qué venías a buscar por estos lugares? –le pregunta. Cuenta el lobo el asunto.

—¡Qué gracioso! –le dice la madre–. ¿Conque comer a mi hijo? ¿Lo he parido yo para que tú te hartes?

Pronto dieron el golpe de gracia al infeliz lobo. Un gañán le corta la pata derecha y la cabeza, que el señor del burgo puso de adorno a su puerta, con este letrero en torno:

"Señores lobos: no escuchen sus señorías a madre que acuna a un hijo".

## RESPUESTA DE SÓCRATES

Púsose Sócrates un día a construir su vivienda. Quien más quien menos, todos censuraban su obra. Encontraba uno que el interior no era digno de tal personaje. Otro criticaba la fachada. Todos sostenían que las habitaciones eran muy pequeñas.

—¡Qué casa tan mezquina para tal hombre! –decían.

—¡Quisiera el cielo –repuso Sócrates–, que tan pequeña como es, pudiera llenarla de verdaderos amigos!

Tenía razón el gran Sócrates, hallando para éstos demasiado grande su vivienda. Todos amigos se dicen, mas loco es quien se confía. Nada más corriente que el nombre, ni nada más raro que la cosa.

## EL ANCIANO Y SUS HIJOS

Todo poder es débil si no está unido.
Pero escuchad al frigio Esopo. Si algo añado de mi invención, lo hago con el fin de pintar nuestras costumbres, y en modo alguno por envidia. Mas vayamos a la fábula, mejor a la historia, del padre que trató de unir a todos sus hijos.

Un anciano, próximo a marchar adonde le llamaba la muerte, dijo a sus hijos:

—Hijos míos: a ver si rompéis este haz de dardos; luego os explicaré el lazo que los une.

Lo tomó primero el mayor y, después de esforzarse inútilmente, lo devolvió, diciendo:

—¡Que lo haga otro más fuerte!

Le sucede su segundo hijo y también se esfuerza en vano. El menor intenta asimismo romperlo. Todos pierden el tiempo; el haz se resiste; de todas las varas reunidas, ni una sola se rompe.

—¡Débiles criaturas: ahora voy a enseñaros lo que mi fuerza puede! –les dice el padre.

Creyeron que se burlaba; los tres sonríen; pero se engañan. El anciano separa los dardos, y los rompe uno a uno sin esfuerzo.

—Ahí tenéis –añadió– el efecto de la armonía; hijos míos, permaneced unidos y en concordia.

Mientras duró su mal, no necesitó más discursos. Al fin, sintiéndose morir, los llama nuevamente.

—¡Adiós, hijos míos! Prometedme vivir siempre como hermanos.

Uno a uno, los tres hijos hacen la promesa llorando. El padre les da la mano y muere. Encontráronse los hijos con una riqueza grande, pero llena de enredos. Embarga un acreedor; un vecino demanda. Nuestro trío al principio sale adelante. Pero su amistad fue tan corta como era precaria. La sangre los unía; el interés los separaba. La envidia, la ambición, los abogados se lanzan sobre la herencia. Deciden la partición; disputan y pleitean. Condénales el juez a esto y a lo otro. Vecinos y acreedores acuden nuevamente. Los hermanos desunidos piensan todos lo contrario: uno quiere un arreglo; el otro no quiere hacer nada. Pierden, al fin, su fortuna entera, y muy tarde intentan unir las varas rotas una por una.

## EL ORÁCULO Y EL IMPÍO

Es locura terrena querer engañar al cielo. Nada encierra en sus recovecos el dédalo de las almas que antes no haya sido alumbrado por los dioses. Cuanto los hombres hacemos, lo hacemos a sus ojos, incluso los actos que creemos ejecutar en la sombra.

Un impío que andaba oliendo la chamusquina, y que sólo creía en Dios, valga la frase, a beneficio de inventario, fue a consultar a Apolo. En cuanto se vio en su santuario, le preguntó:

—Esto que tengo en la mano, ¿está vivo o muerto?

Dícese que tenía un pajarillo, dispuesto a soltarle o a matarle, según la respuesta de Apolo.

Pero el dios comprendió su pensamiento.

—Muerto o vivo –le responde–, enséñanos tu pajarillo y no me tiendas un lazo. Mal te iría con tu estratagema; veo a lo lejos, y donde veo llego.


## EL AVARO QUE PERDIÓ SU TESORO

Sólo el goce constituye la posesión. Pregunto a aquellos cuya mayor pasión es la de amontonar dinero y más dinero: ¿qué beneficio conocen que no conozca otro hombre cualquiera? Tan rico es Diógenes en los infiernos, como en la tierra el avaro andrajoso. El hombre que enterró un tesoro y del que nos habla Esopo nos servirá de ejemplo.

Este infeliz esperaba una segunda vida para disfrutar de su fortuna. No poseía el desdichado el oro, sino que el oro le poseía. Tenía su tesoro oculto en la tierra, y con él su corazón, no conociendo otro placer que pensar en aquél noche y dia. Dondequiera que fuese, estuviera comiendo o bebiendo, no se le hubiera cogido un instante sin que pensara en el lugar donde tenía soterrado su dinero. Tantas idas y venidas, hicieron que le viese un sepulturero y, descubriendo su tesoro, lo desenterrara sin ser visto.

Nuestro avaro, al volver, halló sólo el agujero. El desdichado llora y se desespera, gimotea y suspira, atorméntase y se mesa el cabello. Pregúntale un caminante el motivo de sus gritos.

—¡Me han robado mi tesoro!

—¿Vuestro tesoro? ¿Y dónde?

—Ahí, al pie de esa piedra.

—¿Tal vez estamos en guerra, buen hombre, para esconderlo tan lejos? ¿No habríais sido más sensato guardándolo en vuestra casa y no en este sitio? Allí a cada instante hubierais podido retirar cómodamente lo necesario.

—¿Retirar lo necesario, santos dioses? ¿Es que viene el dinero como se va? ¡Nunca lo he tocado!

—Pues entonces, ¿a qué viene afligiros tanto? –replicó el hombre–. ¡Si nunca tocabais ese dinero, poned en su sitio una piedra y os hará igual servicio!


EL OJO DEL AMO

Refugióse un ciervo en un establo de bueyes. Le advirtieron éstos que buscara mejor asilo.

—¡No me denunciéis, hermanos! –suplicó el ciervo–. Yo os enseñaré los mejores pastos. Quizá algún día este favor os será útil y no tendréis que arrepentiros.

Prometieron los bueyes guardar el secreto. Se oculta el ciervo en un rincón y respira confiado. Llega la noche y los criados llevan al establo, como todos los días, la hierba fresca y el forraje. Van y vienen los criados, y el mayordomo asimismo; ninguno ve los cuernos ni el ramaje, ni en suma al ciervo. Éste, agradecido a los bueyes, espera que los gañanes vuelvan a sus labores para salir en un momento favorable. Un buey le dice, rumiando al mismo tiempo:

—¡Todavía no ha venido el amo! ¡No te alabes, pobre ciervo, que temo por ti la ronda del hombre de los cien ojos!

Llega en esto el amo para hacer su visita acostumbrada.

—¿Qué es esto? –dice a sus gentes–. ¡Poca hierba veo en estos pesebres! Esta cama ya no sirve. Tenéis que cuidar mejor en lo sucesivo a estas bestias. ¿Qué cuesta quitar estas telarañas? ¿Por qué no colocáis en fila esos yugos y esos collares?

Y mirando a todas partes, ve una cabeza nueva en el establo. El ciervo está descubierto. Quién coge un venablo, quién da un golpe al animal. Sus lágrimas no le salvarán de la muerte. Una vez en salazón, sirve para más de un banquete, y más de un vecino en éste participa.

A este respecto, dice Fedro con gran elegancia: "Nadie ve mejor que el ojo del amo". Por mi parte, añadiría: "Y el ojo del amante".

## LA ALONDRA, SUS CRÍAS Y EL AMO DEL CAMPO

Sólo confíes en tus fuerzas; es un dicho popular que Esopo lo puso en fábula de la siguiente manera:

Hacen nido las alondras cuando los trigos están crecidos, esto es, por la época en que todo remueve y ama en este mundo: monstruos marinos bajo las olas, tigres en los bosques y en los campos alondras. Pero una de éstas había dejado pasar sin amores la mitad de una primavera. Al fin, decidió imitar a Natura a toda costa y ser madre mientras era el tiempo. Construye, pues, un nido; pone, cubre los huevos y a toda prisa los rompe. Todo marchaba a pedir de boca. Los trigos del contorno ya maduros, antes de que sus crías pudieran emprender el vuelo, la alondra, agitada por mil cuidados distintos, parte en busca de comida, aconsejando a sus hijos que estén vigilantes y al acecho.

—Si viene el dueño de este campo con su hijo, y es seguro que vendrá –les dice–, escuchad sus palabras, y según lo que diga nos iremos o nos quedaremos.

En cuanto la alondra dejó su nidada, llega el dueño del campo con su hijo.

—El trigo está maduro –dice–; ve a casa de nuestros amigos y diles que mañana, al despuntar el día, vengan a ayudarnos con sus hoces.

De regreso la alondra, encuentra a su nidada en gran alarma.

—Ha dicho a su hijo –empieza uno– que avisara a sus amigos para ayudarle mañana al levantarse la aurora.

—Si sólo ha dicho eso –repuso la alondra–, todavía no tenemos que cambiar de nido. Pero mañana hay que escuchar con cuidado. Y ahora vamos a comer, que aquí traigo comida.

Una vez comidos, todos se duermen, la madre y los pequeñuelos. Llega el alba del nuevo día, y no aparece ningún amigo del amo. Emprende el vuelo la alondra, y el amo viene como todos los días.

—Estos trigos ya no debían estar tiesos –dice–. Yerran nuestros amigos, y yerra quien se confía en esos vagos, tan tardos para hacer un favor. Ve, hijo mío, a casa de nuestros parientes y pídeles lo mismo.

El espanto en el nido es mayor que nunca.

—¡Madre! –exclaman–. Ha dicho que sus parientes, a la misma hora...

—No temáis, hijos míos; dormid en paz y no nos movamos de nuestra vivienda.

La alondra tuvo razón nuevamente, pues nadie se presentó con la aurora. El amo, por tercera vez, fue a ver sus trigos.

—¡Grande es nuestro yerro confiando en otros! No hay mejor amigo ni pariente que uno mismo. Aprende esto bien, hijo mío. Desde mañana, nosotros y nuestra familia tomaremos cada uno una hoz y acabaremos la siega cuando diga Dios.

Cuando la alondra lo supo, entonces dijo:

—¡Ahora sí que debemos marcharnos, hijos míos!

Y los pequeñuelos, haciendo volatines y dándose trompicones, desalojaron el nido a la chita callando.

# Libro quinto

### EL LEÑADOR Y MERCURIO

Un leñador perdió el hacha con que ganaba su sustento, sin hallarla por más que la buscó. ¡Piedad causaba oírle! Ninguna otra herramienta poseía para venderla: en aquélla consistía todo su bien. Y el pobre leñador, sin esperanza alguna, mostraba su semblante bañado en lágrimas.

—¡Oh Júpiter! –exclamaba–. ¡Devuélveme el hacha, y una vez más te deberé la vida!

Oyeron su queja en el Olimpo. Bajó Mercurio a la tierra.

Tu hacha no se ha perdido –le dijo este dios–. ¿La reconocerás tú? Creo haberla encontrado no lejos de aquí.

Entonces enseña al leñador un hacha de oro.

—No es ésta la mía –responde el hombre.

Tras la de oro le enseña una de plata, y también la rechaza. Por fin, le muestra una de hierro.

—¡Ésa es la mía! –exclama–. ¡Oh, qué alegría volver a tenerla!

—Las tres serán tuyas en pago de tu honradez –dícele el dios.

–En ese caso las acepto –responde el leñador.

La Fama propaga la historia, los leñadores a propio intento pierden sus hachas y gritan para que se las devuelvan de oro y plata. El rey de los dioses, sin saber a cuál escuchar primero, envía nuevamente a su hijo Mercurio. Éste enseña a cada uno un hacha de oro, todos creerían pasar por necios si no exclamaban al instante: "¡Es ésta!" Pero Mercurio, en lugar de dársela, les descargaba un gran porrazo en la cabeza.

No mentir, contentarse con lo propio es lo más seguro; mas, por ansia de riqueza, los mortales inventan falsedades. ¿Y de qué les sirve? ¡A Júpiter no se le engaña!

LA OLLA DE BARRO Y LA OLLA DE HIERRO

Propuso la olla de hierro a la olla de barro hacer un viaje; pero ésta se excusó diciendo que era mayor sabiduría permanecer junto al fuego, pues le bastaría el menor tropiezo para hacerse pedazos.

—Para vos, que tenéis la piel más dura, no veo inconveniente.

—Yo os guardaré de los peligros –repuso la olla de hierro–. Si alguna materia dura os amenaza, entrambas dos me pondré y os salvaré al momento.

Persuadió el argumento a la olla de barro, y a su lado abre la marcha su compañera, la olla de hierro. Emprenden la caminata, tropezón va, tropezón viene, lanzadas una contra otra al menor inconveniente. La olla de barro es la que más padece: aún no dieron cien pasos, y su compañera la parte en cien cachos, sin darle tiempo siquiera para quejarse.

Sólo debemos unirnos con nuestros iguales, si no queremos sufrir la suerte de la olla de barro.

## EL PESCADOR Y EL PECECILLO

El menudo pececillo, si Dios le guarda la vida, será mañana un gran pez; pero considero locura soltarle, pensando pescarlo de nuevo, cosa muy poco segura.

Desde la orilla de un río, un pescador pescó una carpa de escaso tamaño todavía.

—También hace número –dijo el hombre viendo su pesca–: entremés para un festín. Bueno, al cesto.

La pobre carpa le dijo en su lenguaje:

—¿De qué te serviré, infeliz de mí? ¡Ni medio bocado podrás sacarme! Espera que sea una carpa verdadera, y entonces, pescándome de nuevo, encontrarás algún paladar delicado que me compre a buen precio; mientras que ahora necesitas pescar aún otras ciento como yo para poder freír un plato. ¡Y qué plato! ¡Una verdadera miseria!

—¿Conque una miseria? –replicó el pescador–. Predicas con mucha elocuencia, amiguita; pero de todos modos, a pesar de tu discurso, esta noche irás a la sartén.

Vale más un pájaro en la mano que ciento volando. El primero es seguro y los otros no.

## LAS OREJAS DE LA LIEBRE

Un animal cornudo hirió de varias cornadas al león, y éste, encolerizado, para no sufrir otra afrenta semejante, arrojó de sus dominios a todo animal con cuernos en la testa. Todos, cabras y carneros; gamos y ciervos prontamente cambiaron de clima. Y una liebre, viendo la sombra de sus orejas, temió que algún inquisidor, por su tamaño, las creyera cuernos.

—¡Adiós, vecino! –le dijo a un grillo que lo era–. Me marcho de estos parajes. Temo que tomen mis orejas por cuernos; y aun cuando las tuviera más cortas que el avestruz, no estaría muy tranquila.

A lo que el grillo repuso:

—¿Cuernos eso? ¿Me tomas por un necio? ¡Orejas son, que así las hizo el Creador!

—Pero las harán pasar por cuernos –insistió el tímido cuadrúpedo–. Inútiles serán mis protestas. Mis dichos y razones irán a parar a la casa de orates.

## LA ZORRA RABICORTA

Una vieja zorra, pero de las más finas, famosa devoradora de pollos y conejos, fue al fin atrapada en un cepo. Por azar pudo escaparse, mas no indemne, sino dejando en prenda su cola. Habiéndose, pues –repito–, escapado sin cola, y sintiéndose avergonzada, para conseguir que las demás se vieran como ella (ya digo que era muy hábil), un día que las zorras celebraban asamblea, intervino y dijo:

—¿De qué nos sirve este peso inútil? ¿Para qué esta cola con que barremos todos los caminos fangosos? Todas deberíais cortárosla. Si me hacéis caso, espero que os decidiréis a hacerlo.

—Tu consejo es excelente –repuso una de la asamblea–; pero haz el favor de volverte para que te respondan.

A estas palabras fue tal la escandalera, que la zorra rabicorta no pudo hacerse oír: insistir en suprimir la cola hubiera sido tiempo perdido; por eso sigue la moda de la cola larga.

## LA VIEJA Y LAS DOS CRIADAS

Hubo una vieja que tenía dos doncellas tan buenas hiladoras, que las hermanas hilanderas[25] a su lado no hacían más que enredar el hilo. No tenía la vieja mayor cuidado que repartir la labor a las dos criadas. Desde que Tetis[26] arrojaba a Febo, el de las doradas crines, torno y rueca estaban en movimiento. ¡Hilad, hilad; no os faltará tarea! Ni un respiro, ni un descanso.

Desde que la Aurora, digo, escalaba en su carro el cielo, un miserable gallo cantaba la hora todos los días. En seguida nuestra vieja, aún más miserable, poniéndose una falda grasienta y detestable, encendía un quinqué y corría a la cama donde, a pierna suelta, dormían las dos míseras doncellas. Una abría un ojo; otra estiraba un brazo, y entrambas, muy disgustadas, mascullaban entre dientes:

—¡Maldito gallo! ¡Tienes que morir de mala muerte!

Y como lo decían lo hicieron: el gallo madrugador apareció con la garganta cortada. Pero no remedió este crimen su triste situación. Al revés. Ape-

---

[25] Las hermanas hilanderas: las tres Parcas, soberanas de la vida del hombre, cuya trama hilan hasta que Atropos (la tercera) corta el hilo.
[26] Tetis: diosa del mar. Según los antiguos, el sol, por la noche, penetraba en el mar. De ahí la imagen: desde que Tetis arrojaba a Febo, esto es, desde que el sol volvía a levantarse por la mañana del mar.

nas la pareja se había acostado, la vieja infernal, temiendo que pasara la hora, corría como un duende por toda la casa.

De igual manera, sucede muy a menudo que cuando pensamos salir de un mal asunto, aún nos hundimos más en él. Testimonio: esas dos criadas que mataron al gallo.

### EL SÁTIRO Y EL CAMINANTE

En el fondo de una selvática caverna, un sátiro[27] se disponía, con su mujer y sus hijos, a meter diente a la olla. Hubiéraseles podido contemplar sentados sobre la hierba; ni mesa ni mantel tenían, pero faltar no les faltaba un robusto apetito.

Huyendo de la lluvia, entró en la cueva un caminante transido de frío. Ofrécele el sátiro su caldo, y no necesita decírselo otra vez. El huésped empieza soplándose los dedos; después, muy delicado, sopla también sobre el bocado que el sátiro le tiende.

—¿Por qué hacéis eso? –le pregunta el sátiro, asombrado.

—Antes calentaba mi mano; después enfriaba la comida.

—Pues ya podéis seguir vuestro camino. ¡Los dioses me libren de dormir con vos bajo el mismo techo! ¡Lleven los demonios a aquellos cuya boca lo mismo sopla lo caliente que lo frío!

---

[27] Sátiro: semidiós de cuerpo velludo, con cuernos, patas y pezuñas de macho cabrío.

## EL CABALLO Y EL LOBO

Llegada la estación en que las cálidas brisas reverdecen la hierba y en que los animales abandonan sus guaridas para buscar el alimento, un lobo, saliendo de los rigores del invierno, divisó a un caballo pastando en una pradera. Déjoos pensar en su alegría.

—¡Soberbio bocado para quien te pille! ¡Ah, si fueras cordero, qué seguro te tenía! –pensaba el lobo–. Tendremos que valernos de la astucia. ¡La presa se lo merece!

Dicho y hecho: se acerca a pasos contados y dícese discípulo de Galeno, conocedor de las virtudes y propiedades de todas las plantas de aquellos prados, apto para curar, sin alabarse por ello, toda suerte de enfermedades. Por tanto, si él, caballo, quería decirle sus padecimientos, le curaría gratis lo que tuviera, pues, según la medicina, verle así, sin ningún vendaje, atestiguaba la existencia de algún mal oculto.

—Pues tengo –dijo el caballo– un tumor en el pie.

—Hijo mío –responde el doctor–, no hay otra parte del cuerpo tan susceptible de padecimiento; pero aquí estoy yo, acostumbrado a tratar a señores de tu alcurnia y conocedor de la cirugía.

Trataba nuestro lobo de ganar tiempo, para ver por dónde podía echar el diente al supuesto enfermo; mas éste, que lo sospechaba, le lanza una coz que convierte en tortilla sus dientes y mandíbulas.

—Me lo he merecido –reflexionaba después el lobo muy triste–: zapatero a tus zapatos. ¡Quieres hacer de herbolario, y no pasas de carnicero!

## EL LABRIEGO Y SUS HIJOS

*Trabajar constantemente:*
*es el bien más permanente.*

Un rico labrador que veía próxima su muerte, llamó a sus hijos aparte para hablarles sin testigos.

—¡Guardaos muy bien –les dice– de vender vuestra heredad, legada por nuestros abuelos! Un tesoro se oculta en su entraña, aunque ignoro su sitio. Mas con un poco de esfuerzo conseguiréis encontrarlo. Pasada la cosecha, removed vuestro campo, cavadlo de arriba abajo, sin dejar un palmo que no muevan vuestras palas.

Murió el padre, y los hijos cavaron el campo de abajo arriba, y con tal ahinco, que al año siguiente la cosecha fue más grande. Dinero no encontraron porque no lo había. Pero su padre fue un sabio, enseñándoles antes de morir que el trabajo es un tesoro.

## LA MONTAÑA DE PARTO

Una montaña parturienta lanzaba tan fuertes gritos que todos acudieron esperando que, sin duda, echaría al mundo un monstruo nunca visto.

¡Pues después de tantos gritos, sólo parió un ratón!

Pensando en esta fábula incierta, pero de sentido verdadero, me acuerdo de esos autores que dicen: "¡Voy a cantar la guerra de los Titanes a Júpiter tonante!" Osada es la promesa. Y a menudo ¿qué sale? ¡Sólo viento!

## EL MUCHACHO Y LA FORTUNA

Junto a la boca de un pozo profundo se quedó dormido un muchacho cuan largo era. ¡Para un escolar cualquier piedra sirve de cómodo lecho! Un hombre discreto, en caso parecido, hubiera dado un salto de veinte pasos, cuando menos.

Acertó a pasar cerca de allí felizmente la Fortuna, y, despertándole con precaución, le dijo:

—¡Muchacho, en esta ocasión te salvo la vida! Pero ten más cuidado otra vez; si te hubieras ahogado, siendo tuya la imprudencia, a mí me hubieran echado la culpa.

Y dichas tales palabras, la Fortuna sigue su camino.

Yo aplaudo su discurso. Nada sucede en el mundo de lo que no la hagamos responsable. En todas nuestras francachelas, tiene que pagar su escote, y carga con la culpa de todas nuestras aventuras. Si somos necios o imprudentes, creemos vernos libres acusando a nuestra suerte. En fin, que siempre es la Fortuna la culpable.

## LOS DOS MÉDICOS

El médico Esto-va-mal visitaba a un enfermo, el cual era visitado también por su cofrade Esto-va-bien. El segundo confiaba en que se salvaría, aunque el primero sostenía que el enfermo no tardaría en reunirse con sus abuelos.

Proponiendo entrambos diferente cura, el enfermo pagó su tributo a la tierra, luego de seguir los consejos de Esto-va-mal. Mas uno y otro triunfaron sobre la enfermedad, pues el uno decía:

—Murió el enfermo, como yo había dicho.

—Si me hubiera hecho caso –repuso el otro– aún viviría.

LA GALLINA DE LOS HUEVOS DE ORO

La avaricia rompe el saco. No necesito otro ejemplo que el de aquel hombre que, según cuenta la fábula, tenía una gallina que todos los días le ponía un huevo de oro.

El rústico pensó que dentro de su cuerpo tenía un tesoro. La mató, pues, la abrió y encontró que por dentro era igual a aquellas que le ponían huevos ordinarios. Y así él mismo se privó de su fortuna.

¡Hermosa lección para los avaros! ¿Cuántos hemos visto que en estos últimos tiempos, de la noche a la mañana, de ricos se han visto pobres por querer ser lo primero con exceso?

EL ASNO CARGADO DE RELIQUIAS

Un borrico cargado de reliquias se imaginó que era a él a quien las gentes adoraban. Y poseído de esta idea, caminaba con aire altivo, recibiendo como propios los cánticos y el incienso.

Uno que vio su error, se le acercó y le dijo:

—¡Señor asno, desechad de vuestro espíritu una

vanidad tan insensata! No es a vos, sino al ídolo, a quien tanta gloria se ofrenda.

*De un magistrado ignorante,*
*es la toga lo importante.*

### EL CIERVO Y LA VIÑA

A favor de una viña muy crecida, como sólo se ven en ciertos climas, un ciervo perseguido pudo, ocultándose, salvar la vida. Los cazadores, creyendo despistados a sus perros, los llaman y se retiran. Mas el ciervo, viéndose sin peligro, empieza, ¡oh negra ingratitud!, a morder las hojas de su bienhechora. Oyen los cazadores el ruido, vuelven la cabeza, y el necio encuentra allí mismo la muerte.

—He merecido –dice– tan justo castigo. ¡Aprovechad la lección, ingratos!

Vanas fueron sus súplicas a los cazadores, al sentirse destrozar por la jauría.

¡Verídica imagen de los que profanan el asilo que los recogiera!

### LA SERPIENTE Y LA LIMA

Cuéntase que una serpiente, vecina de un cerrajero (¡mala vecindad tenía!), entró en su taller en busca de sustento y por toda comida halló tan sólo una lima. Y a pesar de ser de acero, púsose a morder en ella.

Entonces le dijo la lima, sin dignar enfadarse siquiera:

—¿Qué intentas hacer, mentecata? ¡Con alguien más duro que tú te atreves, oh necia! Antes que puedas arrancarme ni el cuarto de un centimín, te quedarás sin dientes. No temo los tuyos, sino los del tiempo.

Esto vale para aquellos espíritus de última categoría, que, sin servir para nada valioso, tratan sólo de morder, aunque en vano. ¿Creéis, ¡oh necios!, que vuestros dientes dejarán sus huellas en tantas obras inmortales? ¡Son para vosotros de bronce, de acero, de diamante!

LA LIEBRE Y LA PERDIZ

Jamás debemos burlarnos de los desgraciados, pues, ¿quién puede asegurar que siempre será dichoso?

El sabio Esopo nos da más de un ejemplo en sus fábulas. El que en este punto yo presento y los suyos, entrambos son la misma cosa.

La liebre y la perdiz, conciudadanas de un mismo campo, vivían al parecer en un estado de tranquilidad perfecta. Pero una jauría de repente aparece y obliga a la liebre a buscar asilo. Huye, pues, a su refugio y despista a los perros, sin exceptuar a Largo. Pero, al fin, ella misma se traiciona por el olor que despide su cuerpo caliente. Mirón deduce por el olfato que se trata de la liebre perseguida, y se lanza tras ella con ardor redoblado. Y Cierto, que nunca ha mentido, dice que la liebre se ha vuelto a poner en salvo.

La infeliz se recoge a morir en su madriguera. Y entonces la perdiz, testigo de su desventura, le dice burlándose de ella:

—¡Tanto que te envanecías de tu rapidez! ¿Dónde has dejado los pies?

Y en el momento en que así se reía, también le llega su vez. Cree la presumida que la salvarán sus alas; pero no había contado con el halcón de crueles garras.

## EL ÁGUILA Y EL BÚHO

El águila y el búho dieron por terminadas sus disputas, y tanto y tan bien lo hicieron, que acabaron por besarse. Juró la una a fe de reina, y el otro juró a fe de búho, el pacto de su alianza: que ninguno del otro devoraría los pequeñuelos.

—¿Conoces los míos? –preguntó el pájaro de Minerva.

—No –repuso el águila.

—Tanto peor para mí –replicó el pájaro triste–, pues tiemblo en tal caso por su pellejo. ¡Azar será si los conservo! Como eres reina, nada respetas: reyes y dioses meten a todo el mundo, dígaselo que se quiera, en el mismo saco. ¡Adiós mis pequeñuelos si los encuentras!

—Explícame cómo son o enséñamelos –dijo el águila–, y te juro que no los tocaré en mi vida.

—Mis hijos son un encanto, hermosos, bien formados, mucho más lindos que todos sus compañeros. Con estas señas, los reconocerás en seguida. ¡No lo olvides, no quiera la Parca maldita entrar en mi casa por tu conducto!

Sucedió que Dios dio al búho progenitura. Y un anochecer que el águila andaba a la caza de alimento, vio en los recovecos de una dura roca o en los agujeros de una casucha (no estoy seguro del sitio) a unos minúsculos monstruos de horrible aspecto, tristes y resignados, con una voz más que fea.

—Estas crías no son de mi amigo –dijo el águila–; pues al buche.

No se anduvo con chiquitas la reina de los aires: sus comidas no son comidas ligeras. De regreso el búho, sólo encontró las patitas de sus amados pequeñuelos. Al cielo eleva sus clamores, pidiendo el castigo del criminal causante de su duelo. Y entonces alguien le dice:

—Acúsate a ti mismo de tu desdicha, o mejor, a la ley común que nos hace ver a los nuestros hermosos, bien formados, superiores a todos. Al águila hiciste de tus hijos este retrato. ¿Y en qué se parecían?

### EL LEÓN QUE PARTIÓ PARA LA GUERRA

Púsosele al león en la cabeza llevar a cabo una conquista. Celebró su consejo de guerra; envió sus oficiales; reunió a los cuadrúpedos. Todos formaban parte de la empresa, cada cual según sus fuerzas.

Debía llevar el elefante sobre su lomo el bagaje necesario y combatir como tiene por costumbre. El oso prepararse para los asaltos. Tramar la zorra con el enemigo hábiles intrigas. Y el mono entretenerlo con sus piruetas.

Alguien aconsejó rechazar a los asnos por su torpeza y a las liebres a causa de sus miedos pánicos.

—De ninguna manera –dijo el rey–; también son útiles; sin ellos, nuestro ejército no estaría completo.

El asno aterrará al enemigo sirviéndonos de trompeta: la liebre será nuestro correo.

El monarca sabio y prudente estima los diferentes talentos y sabe sacar provecho de todos. Nada hay inútil para los hombres discretos.

## EL OSO Y LOS DOS COMPAÑEROS

Dos amigos faltos de dinero vendieron a un vecino peletero la piel de un oso que aún estaba vivo, pero al que pensaban matar en seguida; eso al menos decían.

Con la piel tan maravillosa, el mercader iba a ganar una fortuna: el frío más tenaz nada podría contra ella, y en lugar de forrar un gabán, sin duda, dos forraría. Comprométense a entregarla a más tardar en dos días, y convenido el precio, ambos se ponen en camino.

De repente encuentran al oso, que avanza hacia ellos al trote. Los dos ganapanes se quedan como heridos por el rayo. El trato quedó deshecho. Ninguno pensó reclamar al oso daños y perjuicios. Uno de los compadres trepa rápido a la copa de un árbol oportuno. El otro, más frío que el mármol, se arroja al suelo y, habiendo oído decir que el oso no quiere tratos con un cuerpo sin sangre, sin aliento, sin vida, hácese el muerto, contiene la respiración, y el oso cae en la trampa como un tonto. Ve su cuerpo por tierra: le cree privado de vida, aunque, por temor a un engaño, le mueve y le remueve, acércale su hocico para ver si respira.

—Esto es un cadáver –dice–; marchémonos, que ya huele.

Desaparece el oso en el bosque cercano. El cazador del árbol en seguida desciende. Corre junto a su compañero y dícele que es una maravilla que todo haya quedado en el susto.

—Pero, ¿y la piel del oso? –exclama–. ¿Qué te ha dicho al oído cuando se te acercaba tanto?

—Me ha dicho –responde su compañero– que no se debe jamás vender la piel del oso antes de tenerlo tendido en tierra.

### EL ASNO VESTIDO CON LA PIEL DEL LEÓN

Disfrazado el asno con la piel de un león, sembraba el terror en cien leguas a la redonda. Y así, este animal sin coraje, hacía temblar de pavor a todo el mundo.

Mas para desgracia suya se le vio la oreja, descubriendo un rústico el engaño y el error al mismo tiempo. Y, agarrando el labrador un palo, asombró a quienes no conocían la trampa ni la malicia, viendo al rústico correr al león a palos hacia su molino.

Muchas gentes hay de tronío, para las cuales es familiar este cuento: arreos de caballero y espada al cinto, forman los dos tercios de su prestancia.

# Libro sexto

### EL PASTOR Y EL LEÓN

No son las fábulas lo que parecen. El animal más simple nos sirve de maestro. Mientras la moral desnuda nos produce hastío, el cuento con él pasa la moraleja. Contar por contar nos parece despreciable: debemos, pienso yo, instruir y agradar al propio tiempo. Y por esta razón muchos hombres famosos, para solaz de su espíritu, en este género han escrito, huyendo a la vez del ornato y de la extensión excesiva. No encontramos en ellos palabra que sobre. Tan sucinto era Fedro, que muchos le censuraron. Esopo con menos palabras se expresaba mejor todavía. Y cierto griego, sobre todos[28] picábase de una elegancia suprema, encerrando sus cuentos en cuatro versos. Si los hacía bien o los hacía mal, es cosa que dejo para los eruditos. Nosotros vamos a verle con Esopo en un cuento semejante.

Uno coloca un cazador, otro un pastor en su fábula. Su proyecto he seguido en cuanto al suceso, añadiendo tan sólo de paso un rasgo ligero. Veamos cómo lo cuenta Esopo, poco más, poco menos.

---

[28] Babrius, poeta griego del siglo II (a. J.). En la Edad Media pusieron sus fábulas en poemitas de cuatro versos; así los conoció La Fontaine.

Viendo un pastor que de sus ovejas le faltaba alguna, quiso a toda costa sorprender al ladrón. Vase junto a una cueva y tiende varios cepos para lobo, sospechando de esta canalla.

—Si antes de retirarme de este sitio, ¡oh rey de los cielos! –invoca–, logras que el raptor caiga en estos cepos estando yo presente, para disfrutar este placer, te prometo escoger entre veinte terneras la más fuerte y sacrificártela.

No había terminado de decir estas palabras, cuando sale de la cueva un león grande y poderoso. Se esconde nuestro pastor más muerto que vivo, y dice:

—¡No sabe el hombre lo que pide! Para hallar al ladrón que diezma mi rebaño y verle cogido en la trampa antes de alejarme te prometí, ¡oh rey de los dioses!, mi mejor ternera; pero ahora te prometo un buey si consigues que se marche.

Así lo ha contado el principal autor; pasemos al siguiente.


EL LEÓN Y EL CAZADOR

Un fanfarrón amante de la caza acababa de perder un perro de casta, sospechando que se encontraba en el cuerpo de un león. Vio en esto a un pastor y le dijo:

—Por favor, enséñame la vivienda de mi ladrón, que al mismo paso voy a pedirle cuentas.

—Caminando hacia aquella montaña. Pagándole yo un tributo de un carnero todos los meses, paseo por los campos como me place y estoy tranquilo.

Estando en esta charla, aparece el león –con paso

más que ligero, y al fanfarrón le falta tiempo para zafarse:

—¡Oh, Júpiter, enséñame un refugio para salvarme!

El valor no se demuestra sino cuando se toca el peligro con la mano. Y aquel que lo buscaba, cambiando de tono al instante, huye en cuanto lo advierte.

### FEBO Y BÓREAS

Bóreas[29] y Febo vieron a un caminante que, por fortuna para él, se había preparado contra el mal tiempo. Entrábase ya el otoño, cuando la previsión es necesaria a los viajeros: llueve, brilla el sol y el chal de Iris[30] advierte a los que salen que en estos meses necesitan vestir su manto.

Nuestro caminante, pues, esperando la lluvia, se había provisto de su capa bien forrada y de fuerte tejido.

—Ese hombre –dijo el Viento– cree haberse preparado para todo lo que venga; pero no ha previsto que yo soplaré con tanta fuerza que no habrá botón que resista. ¡Si me empeño, su capa se irá al diablo! Podríamos pasar un rato divertido; ¿qué te parece?

—Bien –repuso el Sol–; apostemos sin tantas palabras a cuál de los dos desnuda antes a ese caballero. Empieza tú; te permito que me oscurezcas.

No hizo falta más. Bóreas se carga de vapores, se infla como un globo, desencadena un estrépito de

---

[29] Bóreas, dios del viento Norte.
[30] Iris, mensaje de Juno; el arco iris es su "echarpe".

mil demonios, sopla, silba, ruge y destruye a su paso más de un tejado inocente, hunde a más de un barco en el mar, y todo por una capa. Tuvo el caminante mucho cuidado de evitar que el Viento no le ahuecara la capa, y esto le salvó. Bóreas perdió su tiempo: tanto más se atormentaba éste, más firme se mantenía el caballero. Llegado al término de la apuesta, el Sol disipa la nube, acaricia y luego traspasa al caballero, y, abrasándole bajo su balandrán, le obliga a despojarse del abrigo. ¡Y esto sin emplear todo su poderío!

Más vale maña que fuerza.

### JÚPITER Y EL COLONO

Júpiter se dispuso en otro tiempo a arrendar una finca. Publicó Mercurio el anuncio. Acudieron los interesados. Hicieron sus ofertas; escucharon las condiciones. No era un negocio fácil. Alegaba uno que la heredad tendría gastos y era dura; otro oponía otras razones. Uno de ellos, el más arriesgado, aunque no el más sesudo, prometió pagar la renta, con tal de que Júpiter le dejara disponer del aire, le diera las estaciones a su capricho, que tuviera frío y calor, buen tiempo y brisa, humedad y clima seco tan pronto como lo pidiera. Júpiter accede.

Formalizado el contrato, nuestro hombre pide y obtiene del rey de los aires un clima para él solo; sus vecinos más próximos se hallaban tan lejos de este clima como de los americanos. Esto fue su salvación: tuvieron magnífica cosecha, excelente vendimia;

mientras que el colono se vio muy mal favorecido. Al siguiente año todo cambia. Nuestro colono pide a los cielos otra temperatura; pero su campo no mejora por eso; el de sus vecinos, en cambio, fructifica y produce. ¿Qué hace al fin? Acude al monarca de los dioses y confiesa su imprudencia. Júpiter se conduce como un señor benigno.

Moraleja: la Providencia sabe mejor que nosotros lo que nos conviene.


### EL GALLITO, EL GATO Y EL RATONZUELO

Un ratoncillo jovencísimo que no había visto aún mundo, estuvo a punto de morir por inocente a manos de un gato astuto. Ved cómo contó la historia a su madre.

—Había franqueado los montes que limitan este Estado y trotaba como un ratonzuelo que busca el campo libre, cuando dos animales detuvieron mi mirada: uno dulce, gracioso y benigno; el otro turbulento y agitado. Tiene éste la voz penetrante y chillona, en la cabeza un pedazo de carne, una especie de brazos con los cuales se eleva en el aire como si quisiera volar, la cola semejante a un penacho.

Este animal que nuestro ratoncillo pintaba a su madre como importado de América, era un simple gallito.

—Se daba en los costados con sus brazos —prosiguió—, haciendo tanto ruido y tal estrépito, que yo, que gracias a los dioses me precio de valiente, emprendí la fuga a causa del miedo, maldiciéndole de todo corazón. De no ser por él, hubiera conocido a ese otro animal que me ha parecido tan dulce: es aterciopelado como nosotros, manchado, de larga cola y humilde compostura; tiene una mirada modesta y, sin embargo, los ojos brillantes. Me parece muy cariñoso con los ratones, porque tiene orejas de forma parecida a la nuestra. Iba ya a saludarle, cuando con un grito penetrante el otro animal me hizo emprender la fuga.

—Hijo mío –le dijo la rata madre–, ese angelito es un gato, el cual, bajo su carita hipócrita, está animado de muy malas intenciones contra toda nuestra raza. El otro animal, al contrario, muy lejos de hacernos mal, servirá tal vez algún día para darnos un banquete. ¡Guárdate mucho mientras vivas de juzgar a las gentes por el aspecto!


LA ZORRA, EL MONO Y LOS ANIMALES

A la muerte de un león, príncipe en vida de la comarca, dícese que los animales se reunieron para elegir un rey.

Sacaron la corona de su estuche, que un dragón guardaba en una cueva. Y ensayada en todos los animales, viose que para ninguno servía; muchos tenían la cabeza demasiado chica; otros demasiado grande; algunos incluso con cuernos. También el mono se la probó riendo; y, por el placer que le causaba la prueba de la corona, hizo gran número de gestos, piruetas y monadas, metiendo, al fin, la cabeza como si se tratara de un cesto. Tanto les gustó la broma a los animales, que fue elegido rey. Todos le felicitaron. En cuanto a la zorra, aunque sintió dar su voto, no manifestó su sentimiento. Después de hacerle su cumplido, dijo al nuevo rey:

—Señor: conozco un tesoro oculto, y no creo que nadie más lo sepa. Por derecho propio, Señor, todo tesoro pertenece a Vuestra Majestad.

La boca se le hace agua al novísimo rey, pensando en el dinero. Él mismo acompaña a la zorra para que nadie le engañe. Pero era una trampa, y el mono queda atrapado en el cepo. Dícele entonces la zorra, en nombre de la asamblea:

—¿Y querías gobernarnos cuando no sabes conducirte a ti mismo?

Fue destronado en el acto, y todos convinieron que a muy pocos les sienta bien la diadema.

### EL MULO ENVANECIDO DE SU GENEALOGÍA

Vanagloriábase el mulo de un prelado de su nobleza, hablando constantemente de su madre la yegua, de la que conocía no escasas proezas: había hecho esto y lo otro, había sido lo de más allá. Por todo lo cual, el mulo pretendía pasar a la historia.

Creyó rebajarse sirviendo a un médico; cuando ya fue viejo, pasó a un molino, y entonces se acordó de su padre el borrico.

Aún cuando la desgracia sirviera sólo para devolver la razón a un necio, a justo título se diría que la desdicha enseña.

### EL ASNO Y EL VIEJO

Montado un viejo en un asno, vio al pasar un prado de hierba crecida. Deja libre al animal, y el borrico se precipita a través de la blanda hierba, revolcándose, frotándose, brincando, cantando y comiendo. Entretanto, llega el enemigo.

—¡Huyamos! –dice el viejo.

—¿Por qué? –responde el tumbón–. ¿Tendré que llevar doble montura o doble carga?

—No –repuso el viejo, mientras corría a campo traviesa.

—Pues ¿qué me importa entonces a quién pertenezco? –dijo el asno–. ¡Sálvate tú y déjame a mí comer tranquilo!

Nuestro amo, enemigo es nuestro.

### EL CIERVO QUE SE VEÍA EN EL AGUA

Mirándose cierto día en el cristal de una fuente, un ciervo alababa la belleza de sus cuernos, soportando con tristeza la vista de sus delgadas piernas, cuyo reflejo se perdía en la onda cristalina.

—¡Qué desproporción entre mis pies y mi cabeza! –decía contemplando su imagen con dolor–. A los arbustos más altos, mi frente llega; pero mis pies son una vergüenza.

Mientras así hablaba, un sabueso se le echa encima; trata de ponerse a salvo, y hacia los bosques huye. Pero sus cuernos, ornato lamentable, a cada instante le detienen, estropeando el servicio que le prestan las piernas, de quienes sus días dependen. Desdícese entonces y maldice el presente que todos los años le hace el cielo.

Estimamos lo bello y despreciamos lo útil. Lo bello a menudo causa nuestra pérdida: el ciervo censura los pies que le hacen ligero, y alaba los cuernos que le perjudican.


LA LIEBRE Y LA TORTUGA

*Correr importa poco, sino partir a punto:*
*la tortuga y la liebre servirán de trasunto.*

—Te apuesto –dijo la tortuga– a que no llegas antes que yo a esa meta.

—¿Antes que tú? Pero ¿estás loca? –replicó el animal ligero–. ¡Púrgate, comadre, con cuatro granos de eléboro![31]

—Loca o cuerda, mantengo mi apuesta –repuso la tortuga.

Así quedó convenido, y ambas depositaron junto a la meta las apuestas respectivas. Nuestra liebre sólo tenía que dar cuatro pasos; bien se entiende: de ésos que da cuando, a punto de ser atrapada por los galgos, de pronto los despista. Con tiempo, digo, de sobra para ramonear, dormir y escuchar de qué lado sopla el viento, deja ir a la tortuga con su paso de senador romano. Ésta parte y se apresura con lentitud: aquélla desprecia semejante victoria; no le importa la apuesta, sino el ho-

---

[31] Creían los antiguos que esta planta, de propiedades purgativas, curaba la locura.

nor, y para ella el honor consiste en partir tarde. Come, pues, y reposa, pensando en todo menos en la apuesta. Al fin, viendo a la tortuga cerca ya del término de la carrera, parte como una flecha. Pero sus saltos son vanos; llega antes la tortuga a la meta.

—¿No tenía yo razón? –le dice ésta–. ¿De qué te sirve tu ligereza? ¿Qué sería si llevaras una casa encima?

## EL ASNO Y SUS AMOS

Quejábase el asno de un jardinero, al Destino, de que le hacían levantarse antes de la aurora.

—Anuncian los gallos con sus cantos la madrugada –le decía–; pues más madrugo yo todavía. ¿Y para qué? Para llevar al mercado unas hierbas. ¡Hermosa necesidad para interrumpir mi sueño!

La Suerte, conmovida por sus quejas, le da otro amo, y el burro de carga pasó de las manos del jardinero a las de un curtidor. El peso de las pieles y su hedor insoportables disgustan pronto al asno descontentadizo.

—Echo de menos –dice– a mi primer amo; con éste al menos, cuando volvía la cabeza, atrapaba alguna berza sin costarme nada; pero aquí no tengo esa buena suerte; si algo pesco, es una tanda de palos.

Consiguió otra vez el cambio de su fortuna, yendo a parar por último a casa de un carbonero. Y nueva queja.

—¿Cómo? –dice la Suerte encolerizada–. ¡Ese borrico me ocupa tanto como cien monarcas juntos! ¿Cree que es el único que no está contento con su suerte y que no tengo más en qué pensar que en su asunto?

¡Razón tenía la suerte! Todos estamos hechos de la misma madera: nuestra condición jamás nos contenta; siempre la presente es la peor. Fatigamos al cielo a fuerza de peticiones, y cuando Júpiter las escucha, aún seguimos llenándole los oídos con nuestras quejas.

### EL SOL Y LAS RANAS

Celebrando las bodas de un tirano, ebrio el pueblo de alegría, ahogaba sus cuidados con jarras de vino. Sólo Esopo veía la necedad de esas gentes, haciendo gala de regocijo.

—El Sol en otros tiempos –les contó– pensó en el himeneo. No bien la Fama publicó su propósito, los habitantes de las charcas quejáronse de su suerte en un común lamento: "¿Qué haremos si llega a tener hijos?", dijeron a la Suerte. "Apenas podemos sufrir un sol, pero media docena secarían el mar con todos sus habitantes. ¡Adiós entonces juncos y pantanos! ¡Nuestra raza sucumbiría, reducida a las aguas de la laguna Estigia!"[32]

Tratándose de unos animalillos como las ranas, encuentro que razonaban con mucho sentido.

### EL RÚSTICO Y LA VÍBORA

Cuenta Esopo que un rústico, tan caritativo co-

---

[32] Laguna o río del infierno mitológico.

mo imprudente, paseándose un día de invierno por los campos de su heredad divisó una víbora tendida sobre la nieve; el animal estaba transido, helado, sin movimiento, con poco menos de un cuarto de hora de vida.

Recógela el labrador y la lleva a su vivienda, sin pararse a pensar en el pago de acción tan meritoria. Allí la tiende junto al hogar, le da calor, la resucita. Apenas el animal entorpecido recobra el ánimo, con éste vuelve su furia. Alza ligeramente la cabeza, silba al instante y, retrocediendo un trecho, trata de dar un salto hacia su bienhechor, su salvador y su padre.

—¡Ingrata! –exclama el rústico–. ¿Ése es el pago que me das? ¡Pues vas a morir al momento!

Y diciendo estas palabras, lleno de justa ira, toma el hacha y con dos golpes convierte en tres a la víbora: el tronco, la cola y la cabeza. El animal en vano intenta, con sus saltitos, reunirse en uno de nuevo.

Bien está la caridad; más ¿para quién? La cuestión es ésa. En cuanto a los ingratos, ni uno solo deja de morir miserablemente.


EL LEÓN ENFERMO Y LA ZORRA

Por orden del rey de los cuadrúpedos, enfermo entonces en su cueva, hízose saber a todos sus vasallos que cada pueblo tenía que enviar una embajada en visita, bajo promesa de tratar con respeto a los diputados y sus acompañantes. Palabra de león, y rubricada; pasaporte excelente contra dientes y contra garras.

Cúmplese el edicto del príncipe: cada especie le envía un diputado. Sólo las zorras se quedan en su casa. Y una de ellas les da esta razón:

—Mirad en el polvo las huellas de los que van a rendirle pleitesía al enfermo.

Todas miran hacia la cueva: ni una huella de regreso.

—Muchas gracias por su salvoconducto; pero que Su Majestad nos dispense. Veo muy bien cómo se entra en la cueva, pero no veo cómo se sale.


EL CAZADOR, EL ALCOTÁN Y LA ALONDRA

Las injusticias de los malvados sirven a menudo de excusa a las nuestras. Tal es la ley del universo: no hagas a los demás lo que no quisieras que te hicieren.

Un rústico se entretenía en cazar pajarillos con espejo. La brillante ilusión atrae a una alondra. Al instante un alcotán, volando sobre los surcos, desciende de los aires y se arroja sobre el pájaro cantor, el cual, aunque cerca de la tumba, había sabido evitar el infernal artificio, para sentir en sus carnes, bajo la garra del ave, sus uñas crueles.

Pero mientras el alcotán se distrae en desplumar a la pobre alondra, él mismo en las redes del rústico queda prisionero.

—Déjame, cazador –dícele el alcotán en su lenguaje–. Nunca te hice mal alguno.

—¿Y ese animalito infeliz –replica aquél–, cuál te ha hecho?

## EL CABALLO Y EL ASNO

En este mundo debemos ayudarnos unos a otros. Si tu vecino se muere, su carga cae sobre ti.

Acompañaba un asno a un caballo en extremo descortés. Éste llevaba tan sólo su montura, mientras el pobre borrico iba cargado hasta desplomarse de fatiga.

Suplica el asno al caballo que le ayude; de lo contrario, morirá antes de llegar al pueblo:

—La mitad de esta carga para ti es un simple juego. El caballo se niega altivamente. Hasta que vio morir bajo el peso a su compañero; entonces reconoció su yerro. Muerto el asno de esta aventura, tuvo que llevar el caballo la carga y la piel del burro encima.

## EL PERRO QUE SOLTÓ SU PRESA POR LA SOMBRA

El que más, el que menos, todos nos engañamos. ¡Tantos locos vemos correr tras una sombra, que muchas veces no podemos ni contarlos! Hay que recordarles el perro de que habla Esopo.

Este perro, viendo reflejada su presa en el agua, la soltó por atrapar la que veía en su sombra y estuvo a punto de morir ahogado. Agitado de repente el río, con gran esfuerzo consiguió ganar la orilla, y perdió su presa verdadera.

## LA CARRETA ATASCADA

Al faetón[33] de un vehículo de heno se le atascó el carro. El hombre se hallaba bastante lejos de toda ayuda, en pleno campo. Para ayudar al carro atascado en lugar tan poco propicio, nuestro carretero reniega y jura cuanto puede, maldiciendo en su furor extremo ora contra los charcos, ora contra las bestias, ora contra el carro y hasta contra él mismo. Al fin, invoca al dios cuyos trabajos son famosos en el mundo entero.

—¡Oh Hércules –le dice–, ayúdame! Si tu espalda ha sostenido el cielo, tu brazo podrá sacarme de este sitio.

Terminada su plegaria, oyó desde las nubes una voz que le habló de esta manera:

—Hércules exige que primero se sude; luego ayuda a los hombres. Busca la piedra que te detiene; quita de alrededor de las ruedas ese maldito barro que sube hasta el eje; toma tu pico y parte el pedrusco que te estorba; llena, en cambio, ese surco. ¿Lo has hecho ya?

—Sí –contesta el hombre.

—Bien; voy a ayudarte –dice la voz–; toma la vara.

—Ya la tengo. ¿Qué es esto? ¿El carro marcha? ¡Alabado sea Hércules!

Y la voz entonces:

—Ya has visto cómo las bestias han salido fácilmente del atasco.

Ayúdate, que el cielo te ayudará.

---

[33] Faetón: cochero. Faetón, hijo del Sol, condujo un día el carro de su padre a través del universo, y estuvo a punto de prenderle fuego. (Mitología).

## EL CHARLATÁN

Charlatanes siempre los hubo en el mundo. Es ciencia que en todo tiempo contó con abundantes profesores. Ora en un tablado de feria aquél desafía a los Infiernos; ora en la ciudad esotro presume ser más elocuente que el propio Cicerón.

Uno de éstos alabábase tan gran maestro en elocuencia, que afirmaba poder convertir en sabio a un badulaque, a un rústico, a un patán, a un necio.

—Sí, señores –peroraba–; a un ignorante, a un animal, a un burro. Traedme un asno, un asno muy asno, y haré que vista la toga.

Llegó la cosa a oídos del príncipe y mandó llamar al retórico.

—Tengo en mis cuadras –dijo– un magnífico mulo de Arcadia, y deseo convertirle en orador.

—Todo lo podéis, señor –contestó nuestro hombre.

Diéronle cierta suma: al cabo de diez años el mulo debía sentarse en los bancos de la Universidad. De lo contrario, aceptaba exponerse en la plaza pública colgado de una soga, ahorcado sin más explicaciones, luciendo las orejas de un burro. Díjole uno de los cortesanos que esperaba verle en la horca, donde haría hermosa figura con su prestancia. Y que no olvidara, sobre todo, dirigir a la concurrencia un discurso patético y famoso en mil leguas a la redonda, que sirviera de modelo para ciertos cicerones a quienes el vulgo llama ladrones. El charlatán repuso:

—De aquí a diez años, el rey, el mulo o yo nos habremos muerto.

Y tenía razón el pillo, pues es locura contar con diez años de vida. ¡Bebamos y comamos alegremente, que uno por cada tres la muerte se lo lleva de aquí a diez años!


LA DISCORDIA

Discordia, la deidad que perturbó la armonía de los dioses a causa de una manzana,[34] fue arrojada de los cielos. Pero en los dominios del animal llamado hombre la recibieron con los brazos abiertos. Y no sólo a ella, sino a su hermano Que sí-Que-no y a su padre Tuyo-y-Mío.

Hízonos el honor la diosa de preferir en este bajo mundo nuestro hemisferio en lugar del que ocupan los antípodas, seres primitivos y nada civilizados que, casándose sin notario y sin cura, no necesitan de la Discordia.

Para que la Discordia se encontrara en los lugares donde la necesitaban, la Fama tenía muy buen cuidado de avisarla, y aquélla aparecía diligente en medio de las disputas, adelantándose a la Paz, y convirtiendo una chispa en hoguera difícil de apagar prontamente.

La Fama, al cabo, empezó a quejarse de que nunca se le conociera vivienda fija y segura. Con frecuencia se perdía el tiempo buscando a la Discordia. Era, pues, necesario hallarle un hogar señalado, desde donde po-

---

[34] La Discordia ofreció una manzana a la diosa más bella, y Paris se la entregó a Venus. Las demás se alborotaron, considerándose preteridas.

der enviarla a todas las familias en día fijo.

Como entonces no había conventos de monjas, hubo alguna dificultad: mas, al fin, le fue fijada como posada la mansión de Himeneo.

## LA VIUDA JOVEN

Perder un dulce esposo, cuesta muchos suspiros. Grande es el llanto, pero, al fin, llega el consuelo: sobre las alas del Tiempo, vuela a otras tierras la tristeza, y el mismo Tiempo se encarga de que vuelvan los placeres.

Entre la viuda de hoy y la viuda de aquí a un año, la diferencia es notable: nadie creería que se trata de la misma persona. Una ahuyenta a las gentes; la otra las atrae con sus mil encantos. A los suspiros ciertos o falsos, aquélla se abandona: siempre la misma nota y semejantes palabras. Dícese que es inconsolable; dícese, pero no lo parece, como se verá por esta fábula, o, mejor dicho, por esta historia verdadera.

El marido de una joven belleza disponíase a partir para el otro mundo. Gritábale a su lado la joven esposa:

—¡Espérame y te sigo! ¡Mi alma está dispuesta a volar con la tuya!

El marido hizo solo el viaje. La hermosa tenía un padre sesudo y discreto, que dejó correr de su llanto el torrente. Al fin, le dijo para consolarla:

—Hija mía, ¿a qué vienen tantas lágrimas? ¿Necesita el difunto que abismes tus encantos? Quedando aún hombres vivos, no pienses más en los muertos. No digo yo que ahora mismo una proporción mejor cambie en bodas tus dolores; pero pasado cierto tiempo permíteme que te proponga un guapo esposo, joven, buen mozo y, en todo, muy distinto al difunto.

—¡Ay –repuso la viuda al instante–, un claustro es el esposo que necesito!

Dejóla el padre digerir su desgracia. Pasó un mes. El mes siguiente transcurrió en cambiar todos los días un detalle del vestido, de la ropa, del peinado; el duelo, al fin, en adorno se convierte, en espera de otros atavíos. La tropa entera de los Amorcillos retorna al palomar: a juegos, risas y bailes les llega al cabo su turno. Día y noche la hermosa se baña en la fuente de Juvencio.[35] Ya el padre no teme al difunto olvidado. Mas como nada decía a nuestra bella, ésta le pregunta:

—¿Dónde está ese joven marido que me habías prometido?

---

[35] La mitológica fuente de Juvencio –ninfa transformada por Júpiter en fontana– tenía la virtud de rejuvenecer a los que se bañaban en ella.

# Libro séptimo

LOS ANIMALES APESTADOS

Un mal que siembra el terror, inventado por el cielo encolerizado para castigar los crímenes de la tierra; ese mal llamado la peste, capaz de enriquecer en un solo día el infernal Aquerón,[36] tenía declarada la guerra a los animales.

Todos no morían, pero todos estaban igualmente atacados, y no se veía a ninguno ocupado en buscar el sustento de una vida desfalleciente. No había bocado que excitara su apetito. Ni lobos ni zorras espiaban a la dulce y candorosa presa. Huíanse las tórtolas. No había amor, faltaba la alegría.

El león celebró consejo de animales.

—Compañeros –les dijo–: Creo que el cielo ha permitido, a causa de nuestros pecados, este infortunio. ¡El más culpable entre todos nosotros debe sacrificarse a la cólera divina! ¡Quién sabe si así consigue la salvación común! La historia nos enseña que calamidades tan grandes exigen sacrificios tan sublimes. ¡Hagamos examen de conciencia, hermanos! Voy a empezar yo mismo. Para satisfacer mi apetito glotón, confieso haber devorado a

---

[36] Río o laguna del infierno mitológico.

más de un carnero. ¿Qué ofensas me habían inferido? Ninguna. No oculto que me ha ocurrido algunas veces llegar a comerme también al pastor. Dispuesto estoy, si es necesario, a sacrificarme. Pero creo que antes debéis acusaros todos como yo lo hago, pues debemos desear en justicia que muera el más culpable.

—¡Oh señor –dijo la zorra–, sois un rey en extremo bondadoso! Vuestros escrúpulos hacen honor a vuestra delicadeza. Pero ¿es un pecado devorar carneros, esa raza vil y despreciable? Yo no lo creo. Vos, señor, les hicisteis un gran honor devorándolos. En cuanto a los pastores, podemos decir que eran dignos de todos los males, creyendo ejercer, como creen, un imperio ilusorio sobre los animales.

Así habló la zorra, siendo muy aplaudida por los adulones. Nadie se atrevió a ahondar demasiado en las más imperdonables piraterías de los señores tigres, osos y otros personajes. Desde los mayores bribones hasta los simples mastines, todos eran unos santitos, en opinión de la asamblea. Llegó el turno del asno, y dijo:

—Recuerdo que cierta vez, pasando por el prado de un monasterio, el hambre, la ocasión, la blanda hierba, y creo que también algún diablillo, me empujaron a pasar la lengua por ese campo... Como debemos confesar la verdad, creo que no tenía ningún derecho.

Al oír estas palabras todos empezaron a increpar al pobre borrico. Un lobo un tanto letrado demostró en su perorata que era a ese animal maldito, a ese pelafustán, a ese leproso, de quien procedía todo el mal, al que había que sacrificar al cielo. Fue juzgado su pecadillo como delito merecedor de la horca. ¡Comer la hierba ajena! ¡Horrendo crimen! Sólo la muerte podía expiar su fechoría. Y es lo que encontró el incauto borrico.

Si eres poderoso o miserable, así la justicia te tratará como blanco o como negro.

## EL MALCASADO

Sea siempre la belleza compañera de la bondad, y desde mañana mismo busco mujer; mas como el divorcio entre ambas no es cosa nueva, y como son pocos los cuerpos agraciados con la primera que, albergando un alma hermosa, reúnen los dos extremos, no encontraréis mal que no la busque.

Himeneos he visto muchos: ninguno de ellos me tienta; no obstante, cerca de las cuatro partes de los hombres se arriesgan valerosamente al mayor de los azares; y también las cuatro partes mismas se arrepienten luego. Presentaré el caso de uno de estos arrepentidos que no encontró otro remedio que deshacerse de su mujer, agresiva, avara y celosa.

Con nada estaba contenta; nada se hacía como era debido: todos se levantaban demasiado tarde y se acostaban demasiado pronto. Ahora decía blanco, luego decía negro; más tarde una cosa distinta. Los criados se irritaban; el marido estaba harto. Ella: el señor no piensa en nada, el señor gasta mucho, el señor entra, el señor sale. Hasta que el señor, al fin, cansado de oír esta letanía, decidió mandarla al campo, a casa de sus padres.

Vedla, pues, en compañía de Filis,[37] paveras y porqueros. Pasado algún tiempo, creyéndola ya suavizada, vuelve el marido a reunirse con ella.

—¿Qué tal pasabas la vida en el campo? ¿Has adquirido algo de la inocencia aldeana?

—¡Oh, vengo harta! ¡Cuánto sufría viendo a los criados más perezosos aún que aquí! ¡No se preocupan para nada de los rebaños! Yo no me mordía la lengua, aunque me ganaba el odio de aquellos haraganes.

—¡Mujer! –repuso al instante el marido–. Si tienes un carácter tan agrio que la gente que sólo está un momento contigo y no regresa hasta la noche estaba harta de ti, ¿qué será de los criados que tengan que sufrirte todo el día? ¿Y qué será de un marido que quieres esté el día y la noche en tu compañía? ¡Vuelve a la aldea! ¡Y si vuelvo a llamarte otra vez, ojalá que por mis pecados me vea condenado a tener eternamente a ambos lados en el reino de los muertos, a dos mujeres de tu genio!

EL RATÓN QUE SE RETIRÓ DEL MUNDO

Cuentan en sus leyendas los hijos del Sol Naciente, que cierto ratón, cansado de los cuidados de esta vida, se retiró huyendo del mundanal ruido, a un queso de Holanda. Profunda era allí la soledad, extendiéndose a la redonda.

Nuestro original ermitaño tanto trabajó con uñas y con dientes en su retiro, que a los pocos días no le

---

[37] Nombre convencional de las pastoras en muchos poemas bucólicos.

faltaba en el fondo de su ermita la mesa y la comida. ¿Qué más se necesita? Púsose, pues, gordo y lucido. Dios prodiga sus bienes a los que le hacen voto de pertenencia.

Un día se presentaron al devoto eremita unos delegados del pueblo ratonil pidiéndole una pequeña limosna, pues se dirigían a tierras extranjeras para pedir ayuda contra el pueblo gatuno. Ratópolis estaba sitiada; habían tenido que partir sin dinero a causa de la extrema miseria de la república atacada. Con poco se contentaban: la ayuda no tardaría arriba de cuatro o cinco días.

—Hermanos –díjoles el solitario–: las cosas de este mundo no me interesan. ¿En qué puede serviros un pobrecito ermitaño? Sólo en una cosa: en rogar al cielo para que éste os ayude en tan duro trance. ¡Él tendrá misericordia de vosotros!

Dicho lo cual, el nuevo santo les cerró la puerta.

¿A quién pensáis que me refiero con este ratón tan poco caritativo? ¿A un monje? No hay tal, sino a un derviche. Doy por supuesto que un monje es siempre más misericordioso.

LA GRULLA

No sé dónde se dirigía cierta vez, caminando con sus largas zancas, la grulla de largo pico pegado a un largo cuello. Es lo cierto que bordeaba un río. Sus aguas eran transparentes como en los más bellos días. Mi comadre la carpa coqueteaba alegremente con su compadre el sollo. La grulla los tenía al alcance de su pico: los dos se acercaban descuidados a la orilla; no necesitaba más que pescarlos. Pero prefirió esperar a tener más apetito: la grulla vivía a régimen y comía a horas fijas.

Unos momentos después le vino el apetito. Acércase el ave a la orilla y ve nadar a dos tencas que salían del fondo de sus moradas. No le agradó el manjar, pues esperaba otra cosa.

—¿Comer yo tencas? –dijo desdeñosa la grulla–. ¿Por quién me han tomado? ¡Valiente manjar!

Desdeñada la tenca, apareció el gubio.

—¿Gubio? ¿Es ésta la comida de una grulla? ¿Voy a molestarme por tan poco en abrir el pico? ¡Dios me libre!

Hubo de abrirlo por mucho menos. Cansada de esperar sin que aparecieran otros peces, el hambre la obligó a darse por muy contenta con un caracol.

No debemos ser muy exigentes. Son más hábiles los que mejor se acomodan. Queriendo ganar mucho, aventuramos perderlo todo. Tened sumo cuidado en no desdeñar nada, sobre todo, cuando la bolsa está exhausta. ¡Cuántos han pagado sus remilgos! Y no es a las grullas a quienes me refiero. Escuchad, mortales, otro cuento, y veréis que es de entre vosotros de donde he sacado estas enseñanzas.

LA PRESUNTUOSA

Cierta jovencita, en extremo exigente, pretendía hallar un marido joven, guapo mozo, de trato agradable, ni frío ni celoso. ¡Observad estos dos puntos sobre todo! Y, además, de alcurnia, con fortuna y con espíritu. En fin, todo.

Quiso el Destino complacerla. Presentáronsele partidos importantes; la hermosa los encontró mezquinos.

—¿Pretenderme a mí esos pelafustanes? ¡Sin duda es una broma! ¡Soberbia colección!

Uno carecía de la menor finura espiritual; el otro tenía la nariz de tal manera; aquél era esto; éste lo de más allá. En fin, fácil es el desdén para las orgullosas.

Tras los buenos partidos, vinieron en fila los medianos. Y la presuntuosa se reía:

—¡No sé ni cómo les abro la puerta! Piensan que estoy muy necesitada de marido. Gracias a Dios, paso las noches sola, pero sin penas.

La edad destronó su orgullo. Pasó un año; pasaron dos; apareció la inquietud. Tras ésta vino la tristeza. Día por día se iban las Risas, los Juegos; al fin, se fue el Amor. Sus facciones empezaron a desagradar; acudió a cien afeites. Pero sus cuidados no consiguieron burlar al Tiempo, ladrón insigne. Las ruinas de una casa pueden ser reparadas. ¡Oh si pudiera hacerse otro tanto con las ruinas del rostro!

La hermosa cambió de tono. Decíale el espejo: "Cásate en seguida". Y no sé también qué deseo se lo decía. Al fin, hizo una elección que nadie hubiera creído, muy feliz y contenta con hallar un zafio para marido.

### LOS TRES DESEOS

Hay en el imperio de Mongolia unos duendecillos que hacen las veces de criados; limpian la casa, guardan los objetos, cuidan el jardín. Si alguien toca lo que hacen echa a perder todo en un momento.

Uno de estos trasgos cultivaba el jardín junto al Ganges de un ricachón principal. Trabajaba sin ruido, prestamente, y amaba al dueño y a la dueña, pero, sobre todo, al jardín. ¡Sepa Dios si los Céfiros, amigos del demonio, le ayudaban en su labor! El caso es que el trasgo trabajaba sin descanso, llenando a sus señores de satisfacciones, como otras tantas pruebas de su celo. Para siempre se hubiera quedado ya con ellos, no obstante la veleidad propia de los duendecillos; pero sus compañeros los trasgos se movieron tanto, que, al fin, el jefe de su república, por capricho o por razones de Estado, le ordenó trasladarse al fondo de Noruega, para cuidar una casa cubierta de nieve todo el año: ved a nuestro hindú convertido en lapón. Mas antes de partir, el trasgo se despidió de sus señores:

—Me obligan a marcharme; ignoro las faltas que he cometido, pero tengo que obedecer. Sólo puedo detenerme un corto plazo, un mes, tal vez una semana. Aprovechaos y pensad tres deseos, pues yo puedo daros satisfacción a tres deseos, a tres solamente.

Desear y pedir no cuesta gran esfuerzo ni es una novedad para los humanos. Los del cuento, como primer deseo, pidieron la abundancia. Y la abundancia llenó sus arcas de dinero, sus graneros de trigo y sus bodegas de vino hasta reventar. Pero, ¿cómo ordenar todo esto? ¡Cuántos cuidados, cuántos cálculos, cuánto tiempo! Marido y mujer se consumen de preocupación. Los ladrones atentan contra ellos. Los grandes señores pídenles grandes préstamos. El rey les impone fuertes tributos.

Vedlos pobres, desdichados, a fuerza de ser ricos.

—¡Alejad de nosotros la influencia dañina de estas riquezas! –pidieron mujer y marido–. ¡Felices los escasos! Más vale la pobreza que una riqueza excesiva. ¡Retiraos, huid, tesoros! ¡Vuelve pronto, Mediocridad, diosa y madre del sentido común, compañera del reposo!

La Mediocridad, invocada, volvió en efecto. Acogiéronla en su seno, y con ella recobraron la dicha antigua, luego de haber agotado los dos primeros deseos, afortunados como todos aquellos que, después de mucho desear, pierden en vanas quimeras el tiempo que debían consagrar a sus negocios.

El trasgo reíase con ellos. Y para agotar su benevolencia, a punto ya de partir, pidiéronle sus dueños que les concediera la sabiduría que no molesta.

## LAS CORTES DEL LEÓN

Quiso saber un día su majestad el león, de cuántas naciones le había hecho soberano el cielo. Envió para esto a todos sus vasallos, por medio de embajadores, una carta circular con su sello. Decía este escrito que el rey celebraría durante un mes sus cortes generales, para cuya apertura daría un gran festín, con la presentación de Macaquete y sus travesuras como fin de fiesta. Con este rasgo de magnificencia, el príncipe demostraba a sus súbditos su poderío.

Invitábalos, pues, a su Louvre. Pero ¡qué Louvre! ¡Un matadero! Su hedor dio en las narices de sus invitados. El oso se tapó las suyas, ¡y más le hubiera valido no hacerlo! El monarca, irritado, le mandó a los infiernos a expresar su desagrado. El mono aprobó al momento esta severidad extremada, y, adulón desvergonzado, alabó la ira y la garra del soberano, la cueva y el olor, de ámbar la primera y el segundo de flores o poco menos. Mas su necia adulación tuvo un éxito contrario, pues fue castigado asimismo. Este príncipe leonino era pariente cercano de Calígula. Se acercó la zorra, y el león le dijo:

—¿Qué hueles tú? ¡Habla sin rodeos!

—Señor: estoy constipada y nada puedo decir porque no huelo –repuso excusándose la zorra, con lo que salvó el pellejo.

Que esto os sirva de enseñanza. Si aparecéis por las cortes y queréis ser agradables, no aduléis ni habléis con franqueza. Imitad a la zorra del cuento.

## LOS BUITRES Y LAS PALOMAS

Marte estremeció en cierta ocasión los espacios con su fatídica cohorte. Por un asunto baladí, por un perro muerto, según dicen, se declaró la guerra entre las aves; mas no entre aquellas que la Primavera pasea por su corte y que con su ejemplo y sus briosos cantos despiertan en nosotros a Venus, ni entre aquellas otras que la madre del Amor lleva uncidas a su carro, sino entre el mismo pueblo de los buitres del pico corvo y las garras implacables. Llovió la sangre, y no exagero. Faltaríame el aliento si quisiera contar al detalle la horrenda lucha. No pocos jefes murieron; no escasos héroes expiraron.

El propio Prometeo esperaba en su siniestra roca el fin de sus padecimientos.[38]

Placer causaba contemplar sus esfuerzos; piedad el ver precipitarse sus muertos. Valor y agilidad, astucias y sorpresas; nada faltaba. Posesos los dos bandos de ardiente furia, no descuidaban los medios de poblar el espacio donde vagan las sombras. De alados ciudadanos llenaban a porfía los vastos reinos sombríos. Tanta furia, al cabo, despertó la compasión de otro pueblo de gracioso cuello y corazón amante y fidelísimo. Este ofreció su mediación para poner fin a tal pelea.

El pueblo que habita los palomares envió unos embajadores elegidos con tal acierto, que sus trabajos lograron el fin de los combates. Concertaron los buitres una tregua, luego siguió la paz. Pero, ¡ay!, a expensas de la raza a la cual debían eterno agradecimiento. La maldita ralea púsose en seguida a perseguir a las palomas, haciendo en ellas imnensa matanza: burgos y campos quedaron despoblados. ¡Escasas de prudencia anduvieron las infelices palomas, poniendo paz entre un pueblo tan salvaje!

Dividid, os aconsejo, a los malvados: de ello depende la tranquilidad en el resto de la tierra. Sembrad la guerra entre ellos, o con ellos no conoceréis la paz. Ahora que por mi parte, dicho sea de paso, ¡chitón!

---

[38] Recuérdese la leyenda: encadenado Prometeo a una roca del Cáucaso por haber robado el fuego a los dioses, un buitre devoraba sus entrañas, que renacían sin cesar para renovar su tormento.

## LA DILIGENCIA Y LA MOSCA

En un camino ascendente, arenoso y difícil, expuesto al sol por todos los lados, seis briosos caballos tiraban de una diligencia. Mujeres y viejos, un fraile, todos habían tenido que descender. Sudaban las bestias extenuadas. En esto sobreviene una mosca y pretende animar a los caballos con su zumbido. Pica a uno, pica a otro; cree que ella es quien hace marchar al carruaje, y siéntase en el pescante, en la nariz del cochero.

Tan pronto como la diligencia reanuda su triquitraque y las gentes se ponen en camino para subir la cuesta, la mosca se envanece del éxito. Va y viene, haciéndose la importante, como un capitán en medio de la batalla, presente dondequiera para animar a sus soldados y alcanzar la victoria. Quéjase la mosca de esforzarse sola, de que nadie ayuda a los caballos a salir del mal paso. El fraile musitaba su breviario: ¡bien se veía que no tenía prisa! Una mujer cantaba: ¡sí que la ocasión se prestaba para canciones! Tras muchas fatigas, llega el coche al fin de la cuesta. Y la mosca dice al momento:

—¡Al fin podemos respirar! He trabajado tanto, que ya los viajeros se encuentran en la llanura. ¡Ahora, señores caballeros, venga mi recompensa!

Del mismo modo hay muchos que, haciéndose los imprescindibles, se entrometen en los asuntos, y dondequiera importunos, debieran ser expulsados.

## LA LECHERA Y EL CÁNTARO DE LECHE

Bien colocado sobre su rodete, Juana la lechera, con su cántaro de leche en la cabeza, pensaba llegar sin tropiezo a la ciudad vecina. Ligera y corta de saya, caminaba a buen paso y muy contenta, vestida con una falda simple y calzada con zapatos lisos para andar más lista. Pensaba ya nuestra lechera en el precio de su cántaro de leche, distribuyendo el dinero. Compraría un ciento de huevos, conseguiría una triple pollada; todo iría perfectamente gracias a sus cuidados. "Podré criar los pollos junto a la casa; muy lista tendrá que andar la zorra para no dejarme bastantes con que adquirir un cerdo; no me costará mucho cebarlo. Volviéndolo a vender, ganaré bastante dinero. ¿Y quién podrá impedirme entonces tener en el establo una vaca con su ternerillo, a los que veré saltar en medio del rebaño?"

Entusiasmada Juana con su idea, empieza a saltar también, rompiendo el cántaro de leche. ¡Adiós ternero, vaca, cerdo y pollada! La dama de los castillos, abandonando con una mirada desolada su fortuna derramada por tierra, volvió a contar la cosa a su marido, con gran peligro de ser recibida a palos.

¿Quién no construye castillos en el aire? Todos; grandes y pequeños, locos y sabios. Cada cual sueña despierto; nada tan dulce. Una gran ilusión arrastra nuestras almas: todas las riquezas del mundo, todos los honores, todas las mujeres nos pertenecen. Viéndome solo, al más valiente desafío. Destrono al shah de Persia; me eligen rey; me ama el pueblo; llueven sobre mi frente las diademas. Mas, de repente, un tropezón me devuelve el sentido, y me encuentro tan Juan Lanas como al principio.

## EL POPE Y EL MUERTO

Tristemente un muerto marchaba hacia su última yacija, y un pope muy contento iba a enterrarle lo más pronto posible.

Llevaban a nuestro difunto en carroza, muy bien empaquetado y vestido, ¡ay!, con un traje que llaman ataúd. Traje de invierno, traje de verano que los muertos jamás se quitan. A su lado caminaba nuestro pope, recitando, como es costumbre, devotas oraciones, salmos y lecciones, versículos y preces, mientras sorbía con los ojos a su muerto como si alguien intentara arrebatarle este tesoro. Sus miradas parecían decirle:

—Gracias a ti, señor muerto, recibiré tanto en plata y tanto en cera y tanto en otras cosillas.

Fundaba en tales ingresos la compra de un barrilito del mejor vino de la tierra; cierta nieta guapetona y el ama del señor pope tendrían cada una una saya. En medio de tan gratos pensamientos, acaece un choque, y adiós carroza. Nuestro pope sale con la cabeza rota a causa del tropezón de su muerto. El feligrés de plomo arrastra a su sacerdote. Sigue el pope a su señor, y ambos viajan en compañía.

A bien decir, nuestra vida entera es como el pope del cuento que contaba con su muerto y como la fábula del cántaro de leche.

## EL HOMBRE QUE CORRÍA TRAS LA FORTUNA Y EL HOMBRE QUE LA ESPERABA EN SU LECHO

¿Qué mortal no corre tras la Fortuna? Quisiera hallarme en tal sitio que pudiese contemplar fácilmente a la importuna turbamulta de aquellos que, en vano, buscan de reino en reino a la hija de la Suerte cortesanos fieles de un fantasma volandero. Cuando están muy cerca de la ocasión propicia, la inconstante huye a sus deseos. ¡Infelices! Los compadezco, pues dícese que los locos merecen más castigo que misericordia.

—¡Tal hombre –dicen– plantaba nabos, y vedlo convertido en rey! ¿Es que no valemos nosotros tanto?

¡Cien veces más! Pero, ¿de qué os sirve vuestro mérito? ¿Acaso la Fortuna tiene ojos? Y ¿merece el ser rey el sacrificio de la tranquilidad? ¡Tranquilidad, tesoro inapreciable![39] Raro es que la Fortuna se la respete a sus favoritos. ¡No busquéis, pues, a la diosa, que ella, como mujer, os buscará a vosotros!

Un par de amigos que juntos habitaban en cierto burgo poseían unos pequeños bienes. Suspiraba uno sin cesar por la Fortuna, y así al otro díjole un día:

—¿Qué te parece si dejáramos el pueblo? Bien sabes que nadie es profeta en su tierra. Busquemos, pues, fortuna en otra parte.

—Busca tú –repuso su amigo–; yo no deseo ni clima mejor ni mejor destino. Trata de hallar tu felicidad; sigue tu ánimo intranquilo; creo que no tardarás en volver. Por mi parte, te prometo esperarte durmiendo.

---

[39] Alusión a la doctrina de los epicúreos, que colocaban a los dioses en el reposo y la indiferencia absolutos.

El ambicioso, o si queréis el avaro, recorre sendas y caminos, llegando al día siguiente a un lugar que la diosa versátil debía frecuentar más que ninguno, es decir, a la corte. Allí establece por algún tiempo su vivienda, sin faltar a la cámara regia al acostarse y al levantarse el rey, ni tampoco a las horas propicias para rendirle pleitesía; en una palabra, encontrándose en todo sin conseguir nada.

—¿Qué es esto? –exclama–. ¡Busquemos la Fortuna en otra parte! Sin embargo, habita en estos palacios: yo la veo entrar todos los días en casa de éste, en casa del de más allá. ¿Por qué no puedo yo albergar también a esta dama caprichosa? ¡Bien me advirtieron que aquí no quieren a los ambiciosos! ¡Adiós, caballeros de corte, adiós! ¡Perseguid hasta el fin una sombra que os engaña! Dicen que la Fortuna tiene templos en Surate.[40] ¡Vayamos a estas tierras!

Decirlo y embarcarse fue todo uno. ¡Almas de bronce, humanos! ¡Construido de diamante debió de ser el primero que intentó este viaje, osado desafiar al abismo! Nuestro hombre, más de una vez durante el viaje volvió los ojos hacia su pueblo natal, sorteando los peligros de piratas y tormentas, de la calma chicha y de los arrecifes del mar, embajadores de la muerte. Con grandes padecimientos vamos a buscarla muchas veces a remotas riberas, cuando podemos hallarla muy pronto sin salir de nuestras moradas.

Llegó a Mongolia nuestro hombre, y allí le dijeron que la Fortuna se hallaba en el Japón, distribuyendo sus dones. Corre allá en seguida; mas los mares estaban ya

---

[40] Ciudad de la India.

cansados de llevarle en su lomo, y todo lo que al fin sacó de sus largas correrías, fue una lección que nos dan los salvajes: Permanece en tu país, instruido por naturaleza. Tampoco fue más afortunado en el Japón que lo había sido en Mongolia.

Al fin, pensó que había cometido un gran yerro dejando su terruño. Renuncia, pues, a sus viajes, vuelve a su país, ve de lejos sus penates, llora de alegría, y dice:

—¡Dichoso aquel que vive en su casa y consagra sus cuidados a gobernar sus deseos! Éste no conoce sino de oídas la corte, el mar y tu imperio, ¡oh Fortuna!, que nos restriegas por los ojos las dignidades y riquezas que seguimos hasta el fin del mundo, sin que los hechos respondan a tus promesas. En adelante, de aquí no me muevo.

Y razonando de esta suerte, luego de tomar esta resolución contra la Fortuna, llega a la puerta de su amigo y encuentra allí a la caprichosa, durmiendo un sueño profundo.

## LOS DOS GALLOS

Vivían en paz dos gallos, pero apareció una gallina y se desencadenó la guerra entre ellos. ¡Amor que perdiste a Troya, por tu culpa aquella pugna envenenada tiñó el Jantos, incluso con la sangre de los dioses!

Durante mucho tiempo, el combate entre los dos gallos se mantuvo indeciso. El rumor se extendió por los contornos, y todo bicho viviente con cresta acudió al singular espectáculo; más de una Elena de hermoso plumaje fue el premio del vencedor. Desapareció el vencido, yendo a ocultarse al fondo del corral; allí lloró su gloria y sus amores, amores que un rival feliz, orgulloso de su triunfo, poseía a sus ojos. Esta diaria insolencia encendía su odio y su valor; el vencido afilaba su pico, batía el aire con sus alas, desafiaba los vientos y se armaba de feroces celos.

Mas no necesitó medir de nuevo sus fuerzas. El vencedor subió a los tejados para cantar su victoria. Un gavilán oyó su canto. ¡Adiós la gloria y los amores! Su orgullo sucumbió entré las garras del rapaz. Y, al fin, por una fatal compensación, su rival volvió a presumir alrededor de la gallina. ¡Excuso decir con qué petulancia, teniendo cuantas mujeres quería!

La Fortuna se complace en estas bromas: el vencedor insolente trabaja por su perdición. ¡Desconfiemos de la Suerte y guardémonos de nosotros mismos después del triunfo en una pelea!

## INGRATITUD E INJUSTICIA DE LOS HOMBRES CON LA FORTUNA

Un mercader marítimo tuvo la suerte de enriquecerse. Triunfó de las borrascas en más de un viaje. Ni abismo, ni banco, ni arrecife le exigieron el pago de consumos por sus mercaderías, protegidas por la Suerte. Atropos[41] y Neptuno, mientras la Fortuna se encargaba de conducir a nuestro mercader a puerto seguro, cobraban la gabela a sus demás compañeros.

[41] Atropos: de las tres Parcas, la que corta el hilo de nuestra vida.

Socios y representantes le resultaron fieles. Vendió el tabaco, el azúcar, la canela, la porcelana; en una palabra: todo cuanto quiso. El lujo y la locura acrecieron su tesoro. En su casa sólo se contaba por doblones. Y nuestro hombre venga a comprar perros, caballos y carrozas. Sus días de ayuno eran verdaderas bodas.

Un amigo suyo, viendo tan suntuosos festines, le dijo:

—¿De dónde os viene tan excelente mesa?

—¿De dónde ha de venirme –repuso– sino de mi habilidad? Lo debo todo a mis desvelos y a mi talento, a saber jugar a tiempo y colocar bien mi dinero.

Picado por el dulce cebo de la ganancia, arriesgó de nuevo su fortuna; pero esta vez su imprudencia malogró su propósito: un barco mal fletado se hundió con el primer viento, y otro, sin armas suficientes, fue apresado por los corsarios. Un tercer navío llegó a puerto, pero nadie quiso sus mercancías: el lujo y la locura no eran los mismos que antes. Sus agentes, en fin, le engañaron. Y él mismo, después de un gran estrépito y una vida principesca, derrochando a manos llenas en placeres y en navíos, se encontró en la miseria de la mañana a la noche. Su amigo, viéndole caído, díjole:

—¿De dónde os viene esto?

—¡Ay, me viene de la Fortuna!

—Consolaos, pues si a ella no le place que seáis feliz, sed, por lo menos, hombre de seso.

Ignoro si escuchó el consejo; pero sé que en caso parecido cada cual atribuye a su industria su felicidad, aunque si a nuestro yerro sigue cualquier fracaso, colmamos de insultos a la Suerte. El bien, lo hacemos nosotros; el mal, la Fortuna. Siempre tenemos razón, y el Destino siempre yerra.

### LAS ADIVINADORAS

A menudo la opinión tiene en el azar su origen. Y es la opinión la que hace siempre la fama. Podría fundar este prólogo en el ejemplo de gentes de toda condición. Dondequiera vemos la desconfianza, la intriga y el capricho, pero nada o muy poco de justicia. ¿Qué podemos hacer? Es un torrente, y como tal necesita libre curso. Siempre fue, siempre será así.

Oficiaba en París una mujer de pitonisa. De cuanto sucedía se la consultaba. ¿Perdíase un pañuelo, se tenía un amante, un marido que vivía mucho, una madre molesta, una mujer celosa? ¡Pues corriendo a casa de la adivinadora para hacerse decir lo que se quería!

Su arte consistía en cierta perspicacia. Una jerga del oficio, gran audacia, el azar oportuno, y todo concurría a proclamar a menudo fantásticos milagros. En fin, aunque ignorante de siete suelas, pasaba por un oráculo. El oráculo se albergaba en un zaquizamí; y allí la adivinadora llenó su bolsa, ganando lo bastante para comprar un cargo a su marido y una casa.

Vino al zaquizamí una nueva inquilina, y la ciudad entera, mujeres y muchachas, criados y caballeros importantes iban allí como antes para saber su destino. Convirtióse el zaquizamí en el antro de Sibila: la otra mujer había acreditado el sitio. En vano protestó la nueva inquilina:

—¿Adivina yo? ¡No se burlen de mí, caballeros! ¡Si no sé leer! ¡Si no pasé de la cartilla!

No valieron razones; tuvo que adivinar y hacer predicciones, amontonando hermosos ducados y ganando tanto, a pesar suyo, como dos abogados de fama. Los muebles y el aspecto ayudaban al negocio: cuatro sillas cojas, un palo de escoba; todo tenía un misterio de brujería. Si esta mujer se hubiera puesto a decir la verdad en una cámara tapizada, se hubiesen burlado de ella: la fama se había instalado en el zaquizamí.

La otra adivinadora se consumía. El nombre atrae a la clientela. En el palacio de justicia vi a un hombre con la toga prestada que ganaba mucho dinero: tomábanle las gentes por un famoso abogado que arrastraba tras sí a gran número de clientes. ¡No me preguntéis el porqué!

## EL GATO, LA COMADREJA Y EL CONEJO

Del palacio de un conejillo, la señora comadreja, que es muy astuta, se apoderó una buena mañana; la cosa fue fácil porque su dueño estaba ausente. Mientras éste hacía la corte a la aurora entre el tomillo y el rocío, aquélla instalaba sus penates en la madriguera. Después de roer, corretear y demás expansiones, volvió el conejo a su palacio subterráneo; la comadreja asomaba la nariz por la ventana.

—¡Oh dioses hospitalarios! ¿Qué es lo que veo? –exclamó el animal arrojado del hogar paterno–. Señora comadreja, escuche usted este aviso: márchese sin chistar o llamaré a todas las ratas de esta comarca.

Contestó la dama de la nariz en punta que la tierra pertenecía a su primer ocupante. ¡Hermoso objeto de litigio una vivienda en la que él mismo tenía que entrar arrastrándose! Y aun cuando fuese un reino, quisiera saber –añadió– qué ley te ha dado su posesión para siempre.

—La costumbre y el uso –alegó el conejo–. Éstas son las leyes que me han hecho dueño y señor de mi vivienda, que de padres a hijos a mí me ha correspondido.

—¿Y el derecho del primer ocupante? ¿Hay ley más sabia que ésta? –repuso la comadreja–. Pero no disputemos más; sometamos el asunto al discreto Micifuz.

Éste era un gato que vivía como un santo ermitaño, un gato hipocritón, gordo y lucido, árbitro astuto en todas las cuestiones. Nuestro conejo lo aceptó por juez. Entrambos llegan a presencia de su majestad gatuna. Micifuz habla así:

—Acercaos, hijos míos, que soy sordo; los muchos años tienen la culpa de ello.

Ambos se acercan sin imaginar ningún peligro. Y en cuanto Micifuz, el buen apóstol, vio a los litigantes al alcance de sus uñas, lanza las patas a los dos lados al mismo tiempo, y pone de acuerdo al conejo y a la comadreja machacándoles las cabezas.

Esta historia se parece mucho a las peleas que a menudo tienen entre sí los pequeños príncipes cuando apelan al fallo de los reyes.

## LA CABEZA Y LA COLA DE LA SERPIENTE

Dos partes tiene la serpiente enemigas del género humano y son la cabeza y la cola. Ambas adquirieron un nombre famoso entre las crueles Parcas hasta el punto de que en otros tiempos se suscitó entre aquéllas una gran discusión a propósito de su preeminencia. La cabeza había marchado siempre delante de la cola. Mas la cola se quejó al cielo en estos términos.

—Tengo que andar leguas y leguas a gusto y capricho de la cabeza; pero ¿cree ésta que voy a sufrirlo siempre? No he nacido, a Dios gracias, criada suya, sino hermana: las dos llevamos la misma sangre; tengamos, pues, la misma suerte. Ved, en fin, lo que yo pido: que a mi vez se me permita preceder a mi hermana la cabeza; yo la guiaré tan bien que no tendrá de qué quejarse.

Sintió el cielo una cruel piedad hacia sus deseos. Sucede a menudo que su complacencia produce efectos lamentables. Debió ser sordo a los insensatos anhelos. El nuevo guía, que veía a pleno sol lo mismo que dentro de un horno, ora tropezaba contra una piedra, ora contra un caminante, ora contra un árbol, hasta que, al fin, llevó a su hermana a las ondas del río Estigia.[42]

¡Desdichados de los Estados que caen en el mismo yerro!

---

[42] Esto es, al reino subterráneo de los muertos.

# Libro octavo

### EL MORIBUNDO Y LA MUERTE

No sorprende la Muerte al hombre discreto, dispuesto en todo momento a partir por haberse sabido advertir a sí mismo del momento en que hay que decidirse al postrer viaje.

Un moribundo que contaba más de cien años de vida quejábase a la Muerte de que le obligara a partir de repente sin haberle avisado para hacer testamento.

—¿Es justo morir de improviso? –decía–. Esperad algún tiempo. Mi mujer no quiere que me marche sin ella. Aún tengo que velar por un sobrino. Permitid que añada a mi casa un nuevo pabellón. ¡Oh diosa cruel, no tengas prisa!

—Anciano –repuso la Muerte–, no te he sorprendido, sin razón te quejas de mi impaciencia. ¿No tienes cien años? ¡Pues búscame en París a dos mortales tan viejos! ¡Encuéntrame a diez en toda Francia! Dices que debí avisarte para que estuvieras preparado: entonces hubiera encontrado hecho el testamento, casado a tu sobrino y acabada tu casa, pero ¿es que no era un aviso cuando la marcha y los sentidos empezaron a flaquear en ti? Ni tienes paladar ni oído; todo parece haberse desvanecido para ti. Para ti son superfluas las caricias del astro del día; lamentas bienes que para nada te sirven. Has visto a tus amigos muertos, moribundos o enfermos. ¿No era todo esto un aviso? No repliques, viejo; nada importa al país que te vayas sin hacer testamento.

Tenía razón la Muerte; por mí quisiera salir de la vida a esta edad como se sale de un banquete, dando las gracias al anfitrión y preparando la alforja. Pues, ¿cuánto más se puede retrasar el viaje? ¿Murmuras, viejo? ¡Mira a esos jóvenes morir, míralos marchar, correr hacia muertes bellas y gloriosas, sí, pero no menos ciertas y muchas veces crueles! Mas mi celo es indiscreto: aquel que más se parece a los muertos es el que muere con más sentimiento.

### EL ZAPATERO REMENDÓN Y EL BANQUERO

Cantaba un zapatero remendón desde el alba a la noche; era una maravilla verle, una maravilla oírle cantando sin cesar, más contento que ninguno de los siete sabios.

Su vecino, al contrario, abarrotado de oro, cantaba poco y dormía menos: era un banquero. Si al despuntar el día nuestro banquero algunas veces se hallaba aún durmiendo, el remendón le despertaba con su canto, y aquél se lamentaba de que la sabia Providencia no hubiese dispuesto que el sueño se vendiera en el mercado como el vino y la comida.

Al fin, llamó el banquero al cantor a su palacio, y le dijo:

—Maese Remendón, ¿cuánto ganáis por año?

—¿Por año, señor? –repuso sonriente el alegre zapatero–. ¡A fe mía que no suelo contar de esta manera! No amontono los días uno sobre otro; bástame con que, al fin, alcance a terminar el año. Cada día trae su pan.

—Lo mismo da; ¿cuánto ganáis por día?

—Un día más, otro día menos; lo peor (y sin esto nuestras ganancias serían bastantes lucidas), lo peor es que en el año abundan las fechas de holganza; las fiestas nos arruinan; el señor cura no pasa día sin que nos cuelgue algún santo.

Nuestro banquero, riéndose con su franqueza, le dice:

—Maese Remendón; tomad estos cien escudos y guardadlos con cuidado para una necesidad.

Creyó nuestro zapatero poseer todo el oro que la tierra había producido desde hacía cien años para el comercio de los mortales. Volvió a su cuchitril, y en una cueva enterró al mismo tiempo su oro y su alegría. Ya no cantó más; perdió la voz desde el momento en que ganó lo que es causa de nuestros desvelos. El sueño huyó de su vivienda. Los cuidados y las desconfianzas, las vanas inquietudes fueron sus huéspedes constantes. El día entero estaba en acecho; y por la noche, si un gato hacía un ruido, el gato robábale el dinero.

Al fin, el pobre zapatero corrió a casa de aquel a quien ya no despertaba al despuntar el día:

—Devolvedme –le dijo– mis cantos y mi sueño, y tomad vuestros escudos.

## EL LEÓN, EL LOBO Y LA ZORRA

Un león decrépito y gotoso, sin fuerzas ya para sostener su dignidad, quería que se hallase un remedio para la vejez.

Decir a un rey que hay imposibles, es una equivocación. Mandó, pues, nuestro rey el león que cada especie le enviara un médico para curar su decrepitud. De todas partes acuden a visitarle médicos y charlatanes con toda clase de recetas para su mal. Sólo la zorra se excusa, callada y sin salir de su mansión. El lobo, por el contrario, hace la corte al rey y murmura de su compañera. El príncipe envía al instante a buscarla a su casa, con orden de presentarse sin tardanza. Llega la zorra y, sabiendo que debe al lobo esta faena, dice:

—Temo, señor, que una lengua insincera me haya imputado falsamente el faltar a este justo homenaje a Vuestra Majestad; pero me hallaba de peregrinación, cumpliendo un voto por vuestra salud. Y en este viaje he visto a personas sabias y experimentadas con quienes he hablado de esa laxitud, cuyas consecuencias teme Vuestra Majestad con razón. Señor, sólo necesitáis calor; la mucha edad os lo ha destruido. Desollad a un lobo vivo y aplicaos su piel caliente y humeante. El señor lobo, si os place, puede serviros para este remedio.

Aprueba el rey este consejo, y el monarca de las selvas cenó carne de lobo y se cubrió con su piel recién arrancada.

Señores cortesanos: dejad de destruiros, haciendo si podéis vuestra corte sin murmurar del vecino. El mal os lo devuelven por cuatro veces el bien. A los calumniadores les llega la vez de un modo o de otro. Todos profesáis una carrera donde nada se perdona.

## EL PODER DE LAS FÁBULAS

En Atenas, pueblo vano y ligero, un día, un orador que veía a su patria en peligro, corrió a la tribuna y, queriendo enardecer los corazones de sus conciudadanos, habló briosamente de la salvación común. Nadie le escuchaba. Y el tribuno recurrió a esas imágenes violentas que saben excitar a las almas más insensibles. Habló de los muertos ilustres, anunció fieros males, dijo cuanto pudo; nadie se conmovió; todo se lo llevó el viento. El animal de las innumerables cabezas frívolas, acostumbrado a tales discursos, no se dignaba escuchar a nuestro orador: todos miraban a otra parte.

¿Qué hizo entonces el tribuno? Acudió a otro recurso.

—Ceres —empezó— hizo un día emprender un viaje juntas a la anguila y a la golondrina. Detiénelas un río, y la anguila nadando, la golondrina volando, lo atraviesan al momento.

—¿Y qué hizo Ceres? —clamó la asamblea unánime.

—¿Que qué hizo Ceres? Pues encolerizarse contra vosotros. ¿Cómo? ¿Su pueblo se preocupa de cuentos para niños y, en cambio, se desentiende, él solo entre los griegos, del peligro que le amenaza? ¿Por qué no preguntáis qué hace Filipo?[43]

---

[43] Filipo, rey de Macedonia, enemigo de Atenas.

Al oír este reproche, la asamblea, animada por el apólogo, se entregó totalmente al orador. Un principio de fábula hizo el milagro.

Todos somos Atenas en este punto; y yo mismo, en el momento en que escribo esta moraleja, sentiría un placer extremo si me contaran la historia de Piel de Asno. Dícese que el mundo es viejo, y no lo dudo; pero todavía hay que enternecerle como a un niño.

### EL HOMBRE Y LA PULGA

Cansamos a los dioses con deseos importunos, muchas veces indignos hasta de los mismos hombres. Al parecer, el cielo está obligado a poner los ojos en nosotros todos, aun tantos como somos. Y el más insignificante de los mortales, a cada paso que da, por la menor nadería, se cree autorizado a intrigar al Olimpo y sus moradores, como si se tratara de la guerra de griegos y troyanos.

Una pulga picó en el hombro a un necio, refugiándose luego en los dobleces de sus vestidos.

—¡Oh Hércules –dijo–, deberías librar a la tierra de esta hidra que vuelve con la Primavera! Y tú, Júpiter, ¿qué haces que desde lo alto de tu nube no aniquilas a esta raza para vengarme?

¡Para matar una pulga, quería obligar a estos dioses a que le prestaran el rayo y la maza!

## LAS MUJERES Y EL SECRETO

Nada pesa tanto como un secreto; llevarlo mucho tiempo es harto difícil para las damas. Pero también conozco a muchos hombres que son mujeres a este respecto.

Para probar a la suya, un marido, cierta noche, hallándose a su lado, exclamó con acento dolorido:

—¡Santos dioses! ¿Qué es esto? ¡Ya no puedo más! ¡Cómo me desgarran! ¡Oh, acabo de poner un huevo!

—¿Un huevo?

—Un huevo, sí; aquí está; pero no se lo digas a nadie, pues me llamarían gallina.

La mujer, nueva en estos trances, y en otras muchas cuestiones, prometió por sus dioses guardar el secreto; pero la promesa se desvaneció con las sombras de la noche. Indiscreta y liviana de seso, apenas amanece se levanta y vuela a casa de su vecina.

—Querida amiga –le dice–, anoche ha sucedido una cosa; pero no digáis nada a nadie, que de seguro me llevaría una paliza. Mi marido ha puesto un huevo gordo como cuatro. ¡Pero, por Dios nuestro Señor, no contéis este misterio!

—¿Por quién me tomáis? –repuso la otra–. Bien veo que no me conocéis. Marchaos tranquila.

La mujer del hombre-gallina vuelve a su casa; la vecina arde ya por contar la sorprendente noticia, y va con la historia a más de diez sitios. En lugar de un huevo, dice tres. Y no queda aquí la cosa, porque otra comadre, en vez de tres, dice cuatro, contando el cuento al oído; precaución innecesaria, pues ya no era un secreto. Y así, con ayuda de la fama, el número de huevos crecía de boca en boca: al llegar la noche pasaban ya del ciento.

### EL PERRO QUE LLEVABA COLGANDO LA COMIDA DE SU AMO

No resisten nuestros ojos la prueba de las hermosas, ni las manos la del oro. Pocos son capaces de guardar un tesoro fielmente.

Un perro que llevaba la pitanza de su amo, colgósela del cuello, pues era temperante, más sin duda de lo que hubiera deseado viendo un manjar tan exquisito; pero, en fin, el caso es que lo era. ¡Extraña cosa enseñar la templanza a los perros cuando no se puede enseñar a los hombres!

Caminando nuestro perro, como queda dicho, pasa un mastín y quiérele arrebatar el almuerzo; mas no encuentra tanta facilidad como pensaba, porque el perro, descolgándolo para mejor defenderlo, le desafía a un gran combate. Llegan otros canes, de ésos que viven de la caridad pública y no temen los golpes. Nuestro perro, sintiéndose demasiado débil contra todos y viendo que la carne corre gran peligro, decide sacar su parte y díceles muy discreto:

—No hay que enfadarse, señores; yo tengo bastante con lo mío; repartíos el resto.

Dicho lo cual, arranca un gran bocado, y luego el mastín y la jauría pónense a tirar cada uno con sus fuerzas, sacando cada cual lo que puede.

Paréceme ver en este cuento la imagen de una ciudad donde se dejan los dineros a merced de los magistrados. Todos echan mano; el más hábil a los demás da el ejemplo, y en un santiamén limpian un montón de ducados. Si algún escrupuloso, por razones baladíes, intenta defender el dinero y dice alguna palabra, los demás le hacen ver que es un necio. Y cuesta poco rendirse: nuestro escrupuloso es el primero en tomarlo.

EL BURLÓN Y LOS PESCADOS

Búscase mucho a los hombres, pero yo los evito. Es un arte que exige mucho espíritu. Dios no creó a los maliciosos burlones sino para divertir a los necios. En esta fábula intento mostraros uno.

Un burlón comía a la mesa de un banquero, y en su plato sólo tenía los pescados más pequeños; los grandes estaban lejos. Finge entonces hablarles al oído, y después finge igualmente escuchar su respuesta. Todos quedan sorprendidos. Explica el burlón entonces, con un tono mesurado, que temía que un amigo suyo, que había partido un año antes para las Indias, hubiera naufragado; por lo cual preguntaba a los pescaditos.

Todos exclaman al mismo tiempo que no tienen edad bastante para poder conocer la suerte de su amigo; quizá los grandes lo supieran.

—¡Ah, señores! ¿Podría preguntar a uno de ésos?

Excuso decir si la broma gustó a los comensales; pero es lo cierto que supo forzarlos a servirle un monstruo marino lo bastante viejo como para poderle decir los nombres de todos los descubridores de mundos ignotos que desde hacía cien años no habían vuelto.

## EL RATÓN Y LA OSTRA

Un ratón de poco seso, soberano de un campo, un día se sintió hastiado de los lares paternos y, dejando el campo, el grano y las gavillas, partió para recorrer el país. Tan pronto como se vio fuera de su estrecha vivienda, exclamó entusiasmado:

—¡Qué grande es el mundo! Allí los Apeninos y acullá el Cáucaso. Antes los más ridículos montoncillos se me antojaban montañas.

Después de varios días de viaje, nuestro ratón llegó a una provincia en la que Tetis había abandonado a lo largo de la orilla buen número de ostras, que nuestro ratón tomó al verlas por navíos de alto bordo.

—¡Mi padre era un infeliz! –dijo–. Tímido a más no poder, no se atrevía a viajar. Pero yo ya he visto el marítimo imperio… luego de atravesar los desiertos, donde no pudimos beber ni gota.

El ratón sabía estas cosas de cierto maestrillo, y las repetía a tontas y a locas, pues no era de esas ratas que a fuerza de roer los libros se vuelven sabias hasta la raíz de los pelos.

Entre tantas ostras cerradas, una se había abierto y bostezaba al sol, gozando de un leve céfiro; blanca y hermosa, respiraba el aire, y sólo con verla podía colegirse su gusto sin par. Tan pronto como nuestro ratón divisó a la ostra bostezante, exclamó:

—¿Qué veo? ¿Un manjar? ¡Hoy o nunca disfrutaré de una comida excelente!

Y nuestro ratón viajero, henchido de bella esperanza, acércase a la concha, alarga el hocico... y se ve cogido como en un cepo, porque la ostra se cierta de repente. ¡Cosas de la ignorancia!

Esta fábula contiene más de una enseñanza. Vemos primero en ella que aquellos que no tienen experiencia alguna del mundo se asombran con los menores objetos. Y luego aprendemos que antes es cogido el que primero quería hacerlo.

EL OSO Y EL AMANTE DE LOS JARDINES

Cierto oso montés, deforme de nacimiento, confinado por la suerte, nuevo Belerofonte,[44] en un bosque solitario vivía oculto y solo. Hubiérase vuelto loco; la razón no acostumbra a morar mucho tiempo en las gentes solitarias; conviene hablar, aunque es mejor callarse.

Ningún animal discurría por los sitios que nuestro oso habitaba. Al fin, por muy oso que fuera, acabó cansándose de una vida tan triste. Y mientras el oso se abandonaba a su melancolía, no muy lejos de allí, un anciano se aburría también por su cuenta. Amaba este viejo los jardines; sacerdote de Flora, éralo asimismo de Pomona.[45] Dos hermosos oficios, entre los cuales, sin embargo, yo quisiera tener algún discreto y buen amigo.

---

[44] Belerofonte, vencedor de la Quimera, mató por error a su hermano, apoderándose de él una melancolía de la que sólo le libró la muerte.
[45] Flora, diosa de las flores; Pomona, diosa de los frutos.

Los jardines hablan poco, a no ser en mi libro; de modo que el anciano, fatigado de vivir con mudos, una buena mañana sale en busca de compañía y se pone en camino. A su vez el oso, animado del mismo deseo, acababa de abandonar su montaña.

Debido a un azar sorprendente, ambos se encuentran en un recodo del camino. El hombre se aterra; pero ¿cómo huir del peligro? Lo mejor en tales casos es fingir valor y disimular el miedo. El oso, personaje muy mal educado, habló el primero:

—Ven conmigo.

Pero el viejo repuso

—Señor, ahí tenéis mi vivienda; si me queréis hacer el honor de aceptar un campestre refrigerio, tengo frutas y leche; tal vez no sea la comida ordinaria de los señores osos, pero os ofrezco lo que tengo.

Acepta el oso y se ponen en marcha; antes de llegar ya son grandes amigos. Una vez llegados, se encuentran muy satisfechos en mutua compañía. Y aunque se dice que más vale estar solos que de necios acompañados, como el oso en todo el día no decía dos palabras juntas, el viejo podía dedicarse a cuidar de su jardín silenciosamente. El oso salía al bosque y volvía con caza, cumpliendo también su principal oficio: alejar a las moscas del rostro de su amigo mientras éste dormía.

Un día que el anciano dormía con un sueño profundo, una mosca que fue a posarse en la punta de su nariz exasperó al oso, que de ninguna manera conseguía espantarla. "¡Pero no se me escapará!", se dijo. Y dicho y hecho. El fiel guardián del sueño de su amigo coge un pedrusco y lo lanza con furia, aplastando la cabeza del viejo al tiempo de aplastar a la mosca.

Nada tan peligroso como un amigo ignorante; más vale en tal caso un enemigo inteligente.

## LOS DOS AMIGOS

En el país de Monomotapa[46] vivían dos amigos verdaderos; todo lo que poseía uno le pertenecía al otro. Los amigos de ese país, dicen, valen tanto como los del nuestro.

Una noche que los dos se entregaban al sueño, aprovechando la ausencia del sol radiante, uno de los amigos salta del lecho alarmado, corre a casa de su íntimo y despierta a los criados. Asómbrase el amigo dormido, coge la bolsa y las armas y sale al encuentro del otro:

—No os suele acontecer que corráis cuando los demás se hallan durmiendo; creo que sois hombre para aprovechar mejor el tiempo consagrado al reposo. ¿Es que habéis perdido todo vuestro dinero en el juego?: aquí tenéis el mío; si habéis tenido alguna disputa aquí: tenéis mi espada: vamos adonde sea; ¿os sentís triste por dormir siempre solo?: en mi lecho tengo a una esclava bastante hermosa, ¿queréis que la llame?

—No –contestó el amigo– no se trata de nada de eso, y os agradezco vuestra solicitud. Me habéis aparecido en sueños entristecido; temí que fuese verdad, y vine corriendo a veros. ¡Ese maldito sueño tiene la culpa!

¿Cuál de los dos sentía mayor amistad por el

---

[46] País del África austral.

otro? ¿Qué piensas tú, lector? ¡Bien se merece esta dificultad pensar en ella! ¡Es tan dulce cosa un amigo verdadero! Éste busca vuestros deseos en el fondo de vuestro corazón; os evita la vergüenza de descubrirlos vosotros mismos. Un sueño, la menor cosa, le aterra al instante, tratándose de aquel a quien ama.

EL CERDO, LA CABRA Y EL CARNERO

Una cabra y un carnero, en compañía de un respetable gorrino, montados en el mismo carro se dirigían a la misma feria. Claro que no iban a divertirse, sino que, según cuenta la historia, los llevaban para venderlos. No pensaba el carrero conducirlos a la barraca de la plaza para que vieran los títeres.

Chillaba el puerco por el camino como si le persiguiera un centenar de matarifes; eran unos gritos como para dejar sordas a las gentes. Los otros animales, seres más sumisos, excelentes personas, se asombraban de su gritería; por su parte, no veían ningún mal en el viaje.

El carrero dijo al cerdo:

—¿Por qué te quejas de ese modo? ¡Nos aturdes a todos con tus gritos! ¿No puedes estar callado? Estas dos personas, más decentes que tú, debían servirte de lección para saber conducirte, o por lo menos para callarte. Mira ese carnero. ¿Ha dicho una sola palabra? No, porque es discreto.

—Es un necio –replicó el gorrino–. Si supiera lo que le aguarda, gritaría como yo, con toda la fuerza de su garganta. Y esa otra personilla honrada, gritaría también cuanto pudiera. Piensan que sólo van a descargarlos, a la cabra de su leche, al carnero de su lana. Ignoro si tienen razón; en cuanto a mí, que sólo sirvo para jamón, mi muerte es bien segura. ¡Adiós mi casa y mi techo!

Razonaba maese cerdo sutilmente; pero ¿de qué le servía? Cuando el mal es inevitable, ni la queja ni el temor cambian el destino, y el menos previsor resulta el más discreto.

### TIRSIS Y AMARANTE

Un día Tirsis habló así a la joven Amarante:

—¡Oh, si como yo conocieras cierto mal que nos place y nos encanta, no habría bajo el cielo ningún bien que te pareciera semejante! Déjame que te lo diga y no temas. ¿Podría yo engañarte, cuando siento hacia ti los más dulces sentimientos que puede albergar un corazón?

—¿Y cómo llamas a este mal? ¿Cuál es su nombre? –replicó Amarante al momento.

—Amor.

—Hermoso nombre. Dime en qué señales podría conocerlo. ¿Qué se siente?

—Penas junto a las cuales los placeres de los reyes resultan vacíos y fastidiosos. Olvídase quien las sufre, de sí mismo; búscase en el bosque la soledad. Al mirar en un arroyo, no se ve nuestra imagen, sino otra que vuelve sin cesar y que nos sigue dondequiera, sin que tengamos ojos para las otras cosas de este mundo. Hay un pastor del lugar que al acercarse a él, oír su voz o su nombre, se enrojece. Suspírase pensando en él, no se sabe por qué, pero se suspira. Témese verle, y, sin embargo, es lo que se desea.

Amarante exclamó sin vacilar:

—¡Oh, oh! ¿Es ése el mal que tanto ponderas? ¡Pues no me es desconocido!

Creía Tirsis alcanzar ya su objeto, cuando añadió la hermosa pastora:

—¡Todo eso es lo que siento por Clidamanto!

Y Tirsis se sintió morir de despecho y de vergüenza.

Como él hay muchos otros que piensan trabajar por cuenta propia y laboran en provecho ajeno.

## EL ENTIERRO DE LA LEONA

Murió la mujer del león, y al instante acudieron todos los animales para presentar al príncipe esas condolencias que aumentan la aflicción. Avisó el rey a todo su pueblo que el entierro se verificaría tal día y en tal lugar; sus mayordomos se hallarían allí para dirigir la ceremonia y ordenar el acompañamiento.

Abandonóse el león a sus clamores, resonando con ellos su cueva, puesto que los leones no tienen otro templo. Siguiendo su ejemplo, se oyó rugir en sus dialectos a los señores cortesanos.

Defino la corte como un país donde las gentes, tristes o alegres, dispuestas a todo y a todo indiferentes, son lo que al príncipe le place, y si no pueden serlo tratan por lo menos de parecerlo. Pueblo camaleón, pueblo imitador del amo, diríase que un mismo espíritu anima a mil cuerpos. En ninguna parte como allí, los hombres son meros muñecos.

Mas, volviendo a nuestro asunto: el ciervo no lloró. ¿Cómo iba a hacerlo cuando esta muerte le vengaba? La reina, en el pasado, había devorado a su mujer y a su hijo. El caso es que no lloró. Un adulón fue a contárselo al soberano, añadiendo que le había visto reírse. La ira del rey, como dice Salomón en sus proverbios, es terrible, y más aún la del rey león. Pero el ciervo no tenía la costumbre de leer a Salomón. El monarca le dijo:

—¡Mísero poblador de los bosques! ¡Te ríes! ¿No acompañas estas voces quejumbrosas? ¡No mancillaremos en tus miembros profanos nuestras uñas sagradas! ¡Vengad, lobos, a la reina! ¡Inmolad vosotros todos a este traidor a sus augustos manes!

A lo que el ciervo repuso:

—Majestad: el tiempo del llanto ya pasó; el dolor resulta ocioso. Vuestra digna esposa se me ha aparecido cerca de aquí en un lecho de flores, y habiéndola reconocido, me dijo: "Cuida, amigo, de que ese fúnebre cortejo, cuando voy a reunirme con los dioses, no te arranque lágrimas inútiles. En los campos Elíseos[47] he conocido mil encantos, conversando con los que son como yo sagrados. Deja un tiempo a la desesperación del rey, pues esto es de mi agrado".

No bien se oyó su respuesta, todos gritaron a un tiempo:

—¡Milagro! ¡Apoteosis!

Y el ciervo, en lugar de ser castigado, fue cubierto de presentes.

---

[47] Los campos Elíseos es el nombre, en la mitología grecorromana, de la morada de las almas de los muertos que en vida fueron virtuosos.

Entretened a los reyes con sueños; alabadlos; regalad sus oídos con agradables mentiras. Por mucha que su corazón rebose, tragarán el anzuelo, y seréis sus amigos.

EL ELEFANTE Y EL RATÓN

En Francia es costumbre creerse un personaje: quien a menudo no es más que un burgués, se finge hombre de importancia. Es un mal muy francés; la necia vanidad nos corresponde por completo. Los españoles son también vanidosos, pero por otro estilo; su orgullo me parece mucho más demente, pero no tan necio. Demos una imagen del nuestro, que, sin duda, no desmerece del ajeno.

Un ratonzuelo de los más minúsculos contemplaba a un elefante de los de mayor tamaño y se burlaba del lento andar del animal de tan alta alcurnia. Una sultana famosa, su perro, su gato y su mona, su loro, su nodriza y su casa entera, partían en peregrinación sobre la bestia de tres pisos. Asombrábase el ratón de que las gentes admiraran la pesada mole, como si el hecho de ocupar más o menos sitio, decía, nos hiciera más o menos importantes.

—¿Qué admirarán tanto en él los hombres? ¿Puede ser ese corpachón que atemoriza a los niños? ¡Pues nosotros no nos tenemos en menos que los elefantes, por muy pequeño que sea nuestro cuerpo!

Y hubiera seguido perorando; pero el gato, saliendo de improviso, hízole ver en menos de lo que se cuenta que un ratón no es un elefante.

## EL HORÓSCOPO

Cúmplese, con frecuencia, nuestro destino por los caminos que tomamos para evitarlo.

Tuvo un padre por toda descendencia un hijo al que amaba hasta el punto de consultar sobre su porvenir a los adivinos. Díjole uno de éstos que hasta cierta edad, hasta los veinte años, tuviera alejado al muchacho de los leones. El padre, para llevar a cabo una precaución de la que dependía la vida de su amado hijo, ordenó que jamás se le dejara traspasar el umbral de su palacio. Sin salir podía distraerse, saltar, correr, pasearse, charlar todo el día con sus compañeros. Cuando llegó a la edad en que la caza es un placer para los jóvenes, pintáronle este ejercicio con desprecio; mas todo lo que se intenta, frases, consejos, enseñanzas, en nada mudan un temperamento.

El joven, turbulento, ardiente y valeroso, apenas sintió los ardores de su edad, empezó a suspirar por el placer vedado. Tanto más grande era el obstáculo, y tanto mayor era su deseo. Conocía el muchacho el motivo de tan severa prohibición, y como el palacio desbordaba en magnificencias, dondequiera abundaba en cuadros sobre los cuales los pinceles habían trazado cazas y paisajes, aquí los animales, acullá los cazadores. Viendo pintado un león, el joven exclamó conmovido:

—¡Oh monstruo, tú eres quien me hace vivir en la sombra y prisionero!

Y diciendo esto se entrega al violento arrebato de la indignación, asestando su puño contra la cabeza del inocente animal. Bajo el tapiz había un clavo; este clavo le hiere y penetra hasta las fuentes de la vida; y el pobre joven, para quien los esfuerzos del arte de Esculapio resultaron vanos, perdió la vida gracias a los cuidados para conservársela.

\*\*\*

Igual precaución causó la pérdida del poeta Esquilo.

Dícese que un adivino le amenazó con la caída de una casa. Dejó el poeta la ciudad, instalando su lecho en pleno campo, lejos de toda techumbre, a cielo descubierto. Acertó a pasar volando un águila, que llevaba por los aires una tortuga y al ver al hombre y su cabeza calva, que por estar desprovista de cabello le parecía un pedazo de roca, dejó caer encima de ella su presa con la intención de romper la concha. El infeliz Esquilo acortó de ese modo sus días.

\*\*\*

De tales ejemplos resulta que ese arte, si es verdadero, precipita en los males a aquellos precisamente que los temen y le consultan; pero yo lo explico pensando que es falso.

No creo que la Naturaleza se haya atado las manos, atándonoslas a nosotros, hasta el punto de grabar en los cielos nuestro destino. Éste depende del azar de lugares, tiempo y personas, y no de las conjunciones de los astros de todos esos charlatanes.

Tal pastor y tal rey, los dos nacidos bajo el mismo planeta, uno lleva el báculo y el otro la cayada. Júpiter así lo quiso. Y Júpiter ¿qué es? Un cuerpo sin conocimiento. ¿De dónde viene, pues, que su influencia obre de distinta manera sobre esos dos hombres? ¿Cómo podrá penetrar hasta nuestro mundo? ¿Cómo atravesar de los aires la inmensidad profunda? ¿Cómo traspasar Marte y el Sol y los vacíos sin fin? Un átomo puede desviar la influencia de su camino. ¿Dónde entonces irán a buscarla los adivinos? El estado en que vemos a Europa bien merecía que alguno lo hubiese previsto. ¿Cómo no lo han anunciado? Ningún adivino lo sabía.

La distancia inmensa de los astros, su situación y su marcha veloz, ¿permiten a su flaqueza seguir paso a paso todos nuestros actos? Depende nuestra suerte de ellos; su carrera entrecortada, como la nuestra, nunca transcurre al mismo paso. ¡Y esas gentes pretenden trazar con su compás el curso de nuestra vida!

Mas no hay que detenerse en estos dos hechos inseguros que acabo de referir. Ni ese hijo tan amado ni el bueno de Esquilo tienen nada que ver. Por ciego y engañoso que este arte sea, una vez entre mil puede tener un acierto: son los efectos del azar.

EL ASNO Y EL PERRO

Debemos ayudarnos unos a otros; tal es la ley de la Naturaleza.

Mas un asno un día se burló de ella, ignoro por qué, pues se trata de una buena persona. Caminaba de país en país, gravemente, acompañado del perro y sin pensar en nada, los dos seguidos de un amo común. Durmióse el amo, y el asno, encontrándose en un prado de sabrosa hierba, púsose a pacer, despreciando por el momento los cardos. El perro, desfallecido de hambre, le dijo:

—Querido compañero: agáchate un instante para que pueda coger mi almuerzo en el cesto de las provisiones.

No tuvo ni una palabra por respuesta; el burro de Arcadia creyó que, perdiendo un instante, perdía un bocado de hierba, y se hizo el sordo mucho tiempo; por fin, contestó:

—Te aconsejo, amigo perro, que esperes a que el amo se despierte; él te dará sin falta la ración acostumbrada; no tardará mucho en hacerlo.

En el entretanto un lobo salió de los bosques y se dirigió hacia ellos: era otro animal hambriento. El asno llama al perro en su socorro; pero el can le dice sin moverse:

—Te aconsejo, amigo asno, que huyas mientras el amo se despierta; no tardará mucho en hacerlo; echa a correr y no pares. Si el lobo te da alcance, rómpele los dientes, que para eso acaban de herrarte las cuatro patas.

Y mientras el perro pronunciaba este bello discurso, maese lobo degolló al borrico sin remedio.

De donde yo concluyo que debemos prestarnos mutua ayuda.

## EL BAJÁ Y EL MERCADER

Dedicábase un mercader griego a su comercio en cierta comarca, apoyado por un bajá, a cambio de lo cual el griego le pagaba en bajá y no en mercader, ¡tan caro bocado es un protector de tal categoría! Tanto le costaba su bajá, que nuestro griego iba lamentándose por dondequiera. Otros tres turcos, de menos rango y poder que el bajá, ofrecen al mercader su común ayuda, pidiéndole menos gratificación que le costaba aquél solo. Escúchales el griego; comprométese con ellos, y a todo no falta quien advierte al bajá de estos tratos. Le aconsejan, incluso, que se adelante a ellos, encargándoles llevar un mensaje a Mahoma en su paraíso, y esto muy pronto, porque si no serán ellos quienes se le adelanten, seguros de encontrar en sus dominios gentes dispuestas para una venganza, enviándole a proteger a los mercaderes que habitan el otro mundo.

Al oír estos consejos, el turco se condujo como Alejandro,[48] y, lleno de confianza, se encaminó a casa del griego, sentándose a su mesa. Tanta seguridad advirtieron en sus palabras y en su continente, que no se imaginaron que el bajá se hallara al tanto del secreto.

—Amigo mío —díjole al griego—, sé que me abandonas; hasta me aconsejan que tema las consecuencias; pero yo te tengo por un hombre de bien; no creo que vayas a darme un veneno. No te digo más sobre

---

[48] El rey Alejandro bebió una poción que le presentó su médico Filipo, aun cuando acababa de recibir el aviso de que éste intentaría envenenarle.

esto. En cuanto a los que han ofrecido apoyarte, escucha, sin tantas palabras ni razones que podrían aburrirte, este apólogo.

Había un pastor con su rebaño y un perro. Alguien le dijo qué pensaba hacer con un dogo que comía todos los días un pan entero. Mejor haría en regalar el perro al señor del burgo; más económicos le saldrían dos o tres canes comunes que, gastando menos que el dogo, cuidarían del rebaño tan bien como aquel perro solo. Era cierto que comía por tres, pero no decía que también tenía triple boca cuando se trataba de luchar con los lobos. Renunció el pastor al dogo y tomó tres canes que le gastaron menos, pero dispuestos siempre a rehuir la lucha. Pagó el rebaño las consecuencias, y tú también, amigo, las pagarás por haber elegido a esa canalla. Si eres hombre de seso, volverás a llamarme a mí. El griego creyó lo que el bajá le decía.

Esto enseña a los pequeños reinos que, todo considerado, más vale entregarse de buena fe a un rey poderoso que apoyarse en varios príncipes pequeños.

SUPERIORIDAD DEL SABER

Entre dos habitantes de una ciudad se suscitó en otros tiempos una disputa. Uno era pobre, pero sabio; el otro un ricachón, pero ignorante. Éste pretendía llevarse sobre su adversario la palma de la superioridad, sosteniendo que los sabios se hallaban obligados a rendirle pleitesía. Era un mentecato, pues, ¿por qué debían ser honrados unos bienes desprovistos de todo mérito? La razón me parece obvia.

—Amigo mío –decía con frecuencia al sabio–, vos os creéis importante; pero decidme, ¿acaso tenéis mesa? ¿De qué os sirve a vos y a vuestros semejantes el leer constantemente? Vivís siempre en el último piso; lleváis el mismo traje en junio y en diciembre; por lacayos tenéis tan sólo vuestra sombra. ¡Lucida está la república con gentes que no gastan nada! No conozco a hombre tan necesario como aquel cuyo lujo distribuye las riquezas. Nuestro placer mantiene al artesano, al mercader, al que hace la falda y a la que la lleva, y también a vosotros mismos, que dedicáis a los banqueros detestables libros que ellos os pagan a peso de oro.

Tuvieron estas palabras impertinentes la respuesta que merecían: el sabio guardó silencio; era mucho lo que tenía que decirle. Mas la guerra no tardó en vengarle mucho mejor que lo hubiera hecho una sátira. Marte redujo a escombros el burgo que los dos habitaban. Ambos hubieron de abandonar la ciudad. El ricachón ignorante se vio sin asilo, recibiendo, dondequiera mil desprecios. El otro recibió por todas partes gracias y honores. Y esto decidió su disputa.

Dejad que digan los necios: el saber tiene su premio.

### JÚPITER Y LOS RAYOS

Cansado Júpiter de contemplar nuestras faltas, un día dijo desde lo alto de los aires:

—Llenemos de nuevos habitantes las comarcas del universo pobladas por esa raza que me importuna y hastía. Desciende, Mercurio, a los infiernos y tráeme a la más cruel de las tres furias. ¡Raza que yo he mimado demasiado, esta vez vas a sucumbir!

Pero Júpiter no tardó en moderar su arrebato. ¡Oh reyes, impuestos por Júpiter como árbitros de nuestros destinos, dejad entre la ira y la tempestad que la sigue el espacio de una noche!

El dios de pie ligero y lengua amable partió en busca de las tres hermanas. Dícese que dejando a Tisifona y Megera prefirió a la implacable Alecton. Ésta, envanecida por la elección, juró por Plutón que la familia entera de los hombres no tardaría en hallarse bajo el dominio de las deidades subterráneas. Júpiter desaprobó el juramento de la Euménide, haciéndola volver a los infiernos; sin embargo, lanzó al momento un rayo contra cierto pérfido pueblo. Guiado el rayo por el padre de aquellos a quienes amenazaba con su furia, se contentó con el pavor de los mortales, y rozó tan sólo el recinto de un desierto inhabitado; los padres fingen pegar a sus hijos.

¿Qué sucedió entonces? Nuestra especie se creció con esta indulgencia. El Olimpo en pleno armó gran alboroto, y el amontonador de nubes[49] prometió y juró por el Estigia que formaría nuevas tempestades; los dioses sonrieron y contestaron que como era padre debía dejar a otros dioses el cuidado de fabricar otros rayos. Encargado Vulcano, llenó sus hornos de dos clases de relámpagos, uno que nunca se pierde y que es el que el Olimpo en pleno nos envía; otro que se aparta de su camino, yendo a parar a los montes o extraviándose a menudo. Éste es el que Júpiter nos envía.

---

[49] Júpiter.

## EL HALCÓN Y EL CAPÓN

Un pacífico ciudadano, capón de oficio, fue conminado para comparecer ante los lares de su amo, al pie de un tribunal que llamamos hogar comúnmente.

—¡Pita, pita, pita! –gritábanle los criados para disimular sus intenciones; pero el capón les dejaba gritar y decía:

—¡Gracias, gracias! Vuestro cebo es muy torpe y sé lo que me espera.

Un halcón encaramado en su percha veía huir al capón de nuestro cuento. Los capones, por instinto o experiencia, tienen en nosotros muy poca confianza. Éste, atrapado al fin, tras muchos esfuerzos, debía figurar al día siguiente en una comilona, despatarrado en un plato, honor al que hubiera renunciado prestamente el cebado volátil.

El pájaro rapaz le dijo:

—Sorpréndeme tu escaso entendimiento. Tú y los tuyos no sois más que una gentuza grosera y sin espíritu; no se os puede enseñar nada. En cuanto a mí, sé cazar y volver al amo. ¿No le ves en la ventana? Te está esperando. ¿Eres sordo?

—No; oigo perfectamente –replicó el capón–. ¿Qué quiere decirme? ¿Y ese gordo cocinero que enarbola un gran cuchillo? ¿Volverías tú si te esperaran en esa guisa? Déjame escapar y no te burles de esta indocilidad que me empuja a huir cuando me llaman con tanto cariño. Si vieras todos los días atravesar en el asador tantos halcones como yo veo atravesar capones, no me harías este reproche.

## EL GATO Y EL RATÓN

Cuatro animales distintos, el gato de uñas largas, la melancólica lechuza, el ratón roedor y la distinguida comadreja de largo talle, todos personas de alma malvada, habitan el tronco carcomido de un pino viejo y silvestre. Una noche el hombre tendió sus lazos alrededor del pino. A prima mañana sale el gato en busca de su presa. Las últimas sombras le impiden ver el lazo, y nuestro gato cae en él, con peligro de muerte. Grita el gato y acude el ratón; el primero está desesperado; el otro lleno de alegría, al ver prisionero a su mortal enemigo. Dícele el pobre gato:

—Mi buen amigo: patentes son hacia mí las muestras de tu bondad; ven y ayúdame a salir del lazo en que mi ignorancia me ha precipitado. A ti solo, entre todos los tuyos, he mimado siempre, llevado de un cariño singular, amándote como a mis pupilas. No lo siento, y doy gracias a los dioses. Precisamente me dirigía a hacerles mis oraciones, como todos los gatos piadosos hacen por la mañana. Este maldito lazo me retiene; mi vida está en tus manos. Acércate para deshacer estos nudos.

—¿Qué recompensa me das por hacerlo? –replica el ratón.

—Te juro amistad eterna –dice el gato–; puedes disponer de mis uñas y vivir tranquilo. Te protegeré contra todos; la comadreja, si quiere comer, habrá de hacerlo con el marido de la lechuza. ¡Las dos te quieren muy mal!

—¡Necio! –responde el ratón–. ¿Libertarte yo? ¡No soy tan estúpido para hacerlo! –y se dirige hacia su refugio. Cerca del agujero le esperaba la comadreja; trepa el ratón más arriba, y se topa con la lechuza: por todas partes le acecha el peligro. Vuelve el ratón junto al gato, roe un nudo, otro después, y, al fin, liberta al animal hipócrita. En este momento aparece el hombre; los nuevos amigos emprenden veloz carrera.

Pasados unos días, nuestro gato divisa a distancia a su amigo el ratón, desconfiado y a la defensiva.

—¡Ven a besarme, hermanito! –le dice–. Tu desconfianza me ofende; miras a tu aliado como a un enemigo. ¿Crees que he olvidado que, después de Dios, te debo la vida?

—¿Y crees tú –replica el ratón– que yo he olvidado tu naturaleza? ¿Puede ningún tratado obligar a un gato a ser agradecido? ¿Puede nadie confiarse en una alianza impuesta por la necesidad?

EL RÍO Y EL TORRENTE

Con ruido inmenso y gran estrépito, un torrente se precipitaba desde las montañas. Todo huía ante él; el horror seguía sus pasos. Hacía retemblar los campos; ningún viajero osaba atravesar tan terrible barrera.

Un hombre solamente, viendo a unos bandoleros, puso de por medio el amenazador oleaje. Éste no era más que amenaza y ruido sin hondura; el hombre se libró con sólo el susto. El éxito le envalentonó, y, viéndose perseguido todavía por los bandidos, encontró en su huida un río cuya corriente, espejo de un sueño dulce, sosegado y tranquilo, hízole creer que era fácil su travesía; nada de escarpados bordes, sino una arena limpia y pura en las orillas. Penetra en él, y su caballo le pone a salvo de los ladrones, mas no de la onda traidora. Hombre y caballo fueron a beber las aguas estigias; hombre y caballo, torpes para nadar, fueron a atravesar en la región tenebrosa otros ríos que los nuestros.[50]

Los hombres que no hacen ruido son los peligrosos; no así los otros.

## LA EDUCACIÓN

A César y Laridón,[51] dos hermanos procedentes de perros famosos, lucidos, fuertes y valientes, les tocó en suerte servir en pasados tiempos a dos amos diferentes. Uno habitaba los bosques, otro la cocina. Ambos tuvieron al principio otro nombre; pero la distinta educación fortaleció en el primero su natural altivo, alterándole en el segundo; a éste, cierto pinche de cocina le bautizó Laridón; su hermano, luego de correr no pocas insignes aventuras, abatiendo a más de un jabalí, dando caza a más de un ciervo, fue el primer César entre la gente perruna.

Túvose gran cuidado en evitar que una indigna pareja hiciese degenerar su sangre en los hijos de César. Laridón, descuidado entregaba su cariño a la primera que pasaba, y así pobló la tierra de esa vil descendencia de canes que huyen de todos los peligros, pueblo antípoda de los Césares.

---

[50] Los ríos del infierno mitológico eran varios: el Estigia, el Aqueronte, el Leteo, etc.
[51] Nombre formado del latín *laridum, lardum*: tocino.

No siempre se sigue al padre ni a los abuelos; la ausencia de cuidados, el tiempo, todo contribuye a que se degenere. Y no cultivándose la naturaleza y sus dones, ¡cuántos Césares se convertirían en Laridones!

## LOS DOS PERROS Y EL BURRO MUERTO

Las virtudes deberían ser hermanas, del mismo modo que los vicios son hermanos. Cuando uno de estos últimos se adentra en nuestros corazones, todos le siguen en fila, no sin razón, pues el ser amigos les permite vivir bajo el mismo techo. Mas raro es ver a las virtudes altamente reunidas en un mismo sujeto, cogidas de la mano y no dispersas. Uno es valeroso, pero brusco; otro prudente, pero frío. Entre los animales, se envanece el perro de ser fiel guardador de su amo, cuando es un glotón y un necio.

Dos mastines que veían a lo lejos un burro muerto flotando sobre las aguas nos servirán de ejemplo. El viento alejaba por momentos al asno de los perros.

—Compañero –dijo uno–: tus ojos ven más que los míos; dirige tu mirada hacia esas vastas llanuras; paréceme ver un bulto. ¿Es un buey? ¿Es un caballo?

—¡Hum! ¿Qué importa el animal que sea? –dijo el otro mastín–. Allá tenemos tajada; la cuestión es echarle el diente, porque la distancia es grande; además, tenemos que nadar contra el viento. Lo mejor es bebernos el agua; nuestras secas gargantas acabarán con ella en seguida; el animal quedará en seco, y tendremos provisiones para toda la semana.

Nuestros perros empiezan a beber hasta que les falta el aliento, y, al fin, la vida, pues tanto bebieron que reventaron.

Está el hombre hecho del mismo modo. Cuando una quimera le enardece, su alma no conoce lo imposible. ¡Cuántos deseos formula, cuántos pasos da en vano, corriendo tras los bienes o la gloria! ¡Si pudiera acrecer mis estados! ¡Si llenara mis arcas de dinero! ¡Si aprendiera el hebreo las ciencias y la historia!

Todo esto es el mar para beber. Pero nada satisface al hombre; para las ambiciones de un solo espíritu, cuatro cuerpos no bastarían, y aun pienso que se quedarían a mitad de camino. Cuatro Matusalenes uno tras otro no lograrían rematar lo que uno solo desea.


DEMÓCRITO Y SUS CONCIUDADANOS

¡Siempre desprecié los pensamientos del vulgo! ¡Éste, profano, injusto y temerario me parece, poniendo entre él y las cosas falsas ideas, y midiendo por sí lo que ve en el prójimo!

Demócrito, maestro de Epicuro, pagó el aprendizaje. Creyóle loco su país. ¡Pobres espíritus! Pero nadie es profeta en su tierra. Ellos eran los locos; Demócrito el sensato.

Tan lejos llegó el error, que Abdera, su patria, invitó a Hipócrates, por medio de cartas y embajadas, que fuese a restaurar la razón del enfermo.

—Nuestro conciudadano –dijéronle llorando–, pierde el juicio; la lectura ha echado a perder a Demócrito: más le estimaríamos si fuese ignorante. Según él, no hay número que limite los mundos; tal vez incluso estén poblados de Demócritos infinitos. No contento con este sueño, añade los átomos, prole de un cerebro enfermo, fantasmas invisibles. Y, midiendo los cielos sin moverse de la tierra, conoce el universo cuando no se conoce a sí mismo. Hubo un tiempo en que sabía vencer las discusiones; hoy sólo se habla a sí mismo. ¡Venid a verle, oh mortal divino! Su locura es infinita.

Hipócrates no concedió mucha fe a los embajadores de Abdera, aunque partió al momento. ¡Y ahora veréis los encuentros que el azar reserva en la vida!

Hipócrates llegó en el instante en que aquel que, según sus conciudadanos, carecía de razón y de sentido, buscaba en el hombre y en la bestia el asiento de la razón, ya fuese el corazón, ya la cabeza. Sentado en la ribera de un río, bajo una densa sombra, absorto estaba en los laberintos de su cerebro; a sus pies había numerosos libros. Apenas vio avanzar al famoso médico. Breves fueron los saludos; el sabio ahorra el tiempo y las palabras. Dejando, pues, las frívolas conversaciones, dialogaron largo y tendido sobre el hombre y el espíritu, recayendo, al fin, sobre la moral. No hace falta que yo cuente lo que uno y otro dijeron. Con lo que precede basta para mostrar que el pueblo es juez recusable. ¿En qué sentido, por tanto, puede ser verdadero lo que leí en cierta parte de que es su voz la voz divina?

## EL CAZADOR Y EL LOBO

¡Furor de amontonar, monstruo cuyos ojos miran como una bagatela los dones todos de los dioses! ¿Tendré que combatirte sin descanso en esta obra? ¿Qué tiempo necesitas para seguir mis lecciones? Sordo el hombre a mi voz, como a la del ser sensato, ¿dirá alguna vez: basta, gocemos? ¡Apresúrate, amigo, que no te queda mucho tiempo de vida! Yo remacho esta palabra que vale por un libro:

—¡Goza!

—Lo haré.

—Pero, ¿cuándo?

—Desde mañana.

—¡Ay, amigo! La muerte puede sorprenderte en el camino. Goza desde este instante; teme la suerte del cazador y del lobo de este cuento.

El primero abatió con su arco un gamo. Pasó un cervatillo, y no tardó en hacer compañía al difunto; los dos yacían en la hierba. La presa era importante; un gamo más un cervatillo. Un cazador discreto se hubiera dado por contento. Pero un jabalí soberbio tienta nuevamente a nuestro arquero, glotón de semejantes bocados. Otro habitante de las aguas estigias; la Parca y sus tijeras se aprestan con esfuerzo; varias veces la diosa infernal disputó al monstruo la hora postrera; al fin, la fuerza del golpe certero le abatió por tierra. ¡Ya eran abundantes bienes! Pero nada satisface las ansias de un conquistador envanecido. Entretanto el puerco salvaje recobra sus sentidos, el arquero divisa en un surco a una perdiz corriendo. ¡Mísero añadido a las otras bestias! Sin embargo, tiende la cuerda del arco. El jabalí, reuniendo los restos de su vida, se lanza contra el arquero, despedázale y muere vengado sobre su cuerpo, mientras la perdiz le queda agradecida.

Dirígese esta parte de la historia a los ansiosos; el resto del ejemplo servirá para el avaro.

Un lobo, al pasar, vio tan triste escena.

—¡Oh, Fortuna –exclamó–, te prometo un templo! ¡Cuatro cuerpos por tierra! Pero debo gastar con mesura estos bienes, pues estos hallazgos son raros. (Así se excusan los avaros).

Tendré para un mes lo menos. Uno, dos, tres, cuatro cuerpos son cuatro semanas, si llevo bien la cuenta. Pero empezaré dentro de dos días. Voy a comer ahora la cuerda del arco, que parece de verdadera tripa; el olor me lo dice.

Y tras estas palabras se arroja sobre el arco, que se dispara y causa con su flecha un nuevo muerto: el lobo que nos ocupa.

Vuelvo a lo que decía. Gocemos sin dilación. Sírvannos de testimonio esos dos glotones, castigados ambos con una suerte común: la ambición perdió a uno; el otro sucumbió por la avaricia.

# Libro noveno

## EL DEPOSITARIO INFIEL

Gracias a las hijas de Memoria,[52] he podido cantar a los animales. Otros héroes quizá no hubieran adquirido tanta gloria. Habla el lobo en mis libros al perro en la lengua de los dioses.[53] Las bestias, a la cual mejor, representan diversos personajes: unas a los locos y a los cuerdos otras; pero de tal manera, que los locos están en mayoría.

También coloco en escena a falsarios y bandidos, a ingratos y tiranos, a más de una mala pécora, a no pocos necios y adulones, pudiendo añadir si quisiera legiones de embusteros.

Todos los hombres mienten, dice el sabio. Si sólo metiera aquí a las gentes de baja estofa, podríamos tolerar pasablemente a los hombres este defecto. Pero que todos, grandes y pequeños, nos demos a la mentira, si otro lo hubiera dicho, yo sostendría lo contrario. E incluso aquel que mintiera como Esopo y como Homero no sería, por cierto, un verdadero embustero; el dulce encanto de más de un sueño inventado por su hermoso arte, ofrécenos la verdad bajo el ropaje de

---

52 Las Musas, hijas de Mnemosina, diosa de la memoria.
53 En versos.

la mentira. Uno y otro han hecho libros que estimo dignos de vivir sin fin, y más aún si se pudiera.

Mas no miente como ellos el que quiere; mentir como supo hacerlo cierto depositario, pagado en la misma moneda, es cosa de necios y mentecatos.

Vayamos al asunto.

Un mercader de Persia, al partir para sus negocios, depositó en casa de su vecino una bolsa con cien libras en dinero.

—Dadme mi bolsa —dijo a su regreso.

—¿Vuestra bolsa? Ya no existe; siento deciros que un ratón se la comió toda entera. Reñí a mis criados; pero ¿qué hacerle? Un granero tiene siempre algún agujero.

Admírase el mercader de tal prodigio, fingiendo creerlo al pie de la letra. Al cabo de unos días se apodera del hijo de su pérfido vecino; invita después a cenar al padre, el cual se excusa y dícele llorando:

—Os ruego que me dispenséis; muertos están para mí todos los placeres. Amaba a un hijo más que a mi propia vida. ¡Ay, ya no lo tengo; me lo han robado! Acompañadme en mi infortunio.

—Ayer al anochecer —repuso el mercader—, vi en las tinieblas a un búho que arrebataba a vuestro hijo, llevándoselo hacia unas viejas ruinas.

—Pero, ¿voy a creer que un búho pueda arrebatar semejante presa? Mi hijo se hubiera apoderado del búho —contestó el padre.

—No os diré cómo ha sido —insistió el otro—; pero el caso es que yo lo vi con mis propios ojos, y no encuentro que tengáis razón para dudar un momento de lo que yo os digo. ¿Os extraña tal vez que en un país donde los ratones devoran una bolsa de cien libras, puedan los búhos arrebatar a un muchacho que sólo pesa cincuenta?

Comprendiendo el padre adónde conducía la fingida aventura, devuelve al mercader su bolsa, y éste le entrega su hijo.

* * *

Entre dos caminantes sobrevino parecida disputa.

Pertenecía uno de ellos a esa especie de embusteros que todo lo ven al microscopio, convirtiendo las mínimas cosas en gigantes sin par; escuchándoles, Europa y África también estarían pobladas de monstruos. El charlatán que nos ocupa se creía autorizado a las mayores hipérboles.

—Yo he visto –dijo–, una col más grande que una casa.

—Y yo –repuso el otro–, una olla tan grande como una iglesia.

El primero se echó a reír, y el otro replicó:

—No te rías, amigo; la habían hecho para cocer tus coles.

El hombre de la col era un bromista; el de la bolsa de cien libras, un astuto. Cuando se extrema el absurdo, es demasiado honor querer combatir el error con razonamientos; es más corto, sin revolverse la bilis, responder con las mismas armas.

LOS DOS PICHONES

Se amaban dos pichones tiernamente. Uno de ellos, sintiéndose aburrido en el hogar común, cayó en la locura de querer emprender un viaje a un país lejano. El otro le dijo:

—¿Qué quieres hacer? ¿Vas a dejar a tu hermano? La ausencia es el mayor de los males, aunque no para ti, cruel. Ojalá las fatigas, los peligros y cuidados del viaje cambien un poco tu espíritu. ¡Si al menos estuviera más avanzada la estación! ¿Qué prisa tienes? ¡Espera la llegada de los céfiros! Hace un momento un cuervo anunciaba grandes desgracias para las aves. En mis sueños ya no veré más que funestos encuentros, halcones, lazos y tormentas. Llueve. ¡Ay!, exclamaré, ¿tiene mi hermano todo lo que necesita? ¿Ha cenado bien, tiene buena cama y todo lo demás?

Este discurso estremeció el corazón de nuestro imprudente viajero. Pero al fin pudieron más el deseo de ver mundo y el humor versátil. El pichón dijo:

—No llores más; con tres días mi alma se quedará satisfecha. Tardaré muy poco en volver para contar ce por be a mi hermano mis aventuras. Así le distraeré. Quien nada ve, nada tiene que decir. La pintura de mi viaje te producirá un placer extraordinario. Yo te diré: estaba allí; me sucedió tal cosa. Y tú mismo creerás encontrarte en esos sitios.

Los dos pichones se despidieron llorando. Alejóse el viajero, y, de pronto, un nubarrón obligóle a buscar refugio en cualquier sitio. Sólo un árbol se ofrecía a su vista, y tan mezquino que la tormenta maltrató a nuestro pichón a pesar de su follaje. Cuando volvió la calma, partió transido de frío, secando como pudo su cuerpo empapado por la lluvia. En un campo apartado, vio el trigo extendido y otro pichón al lado; sintió envidia; voló hacia él y quedó prisionero, porque el trigo cubría un lazo traidor. Mas el cordel estaba gastado; con el ala, las patas y el pico, el ave logró, por fin, romperlo; sólo dejó algunas plumas. Pero lo peor de su destino fue que cierto buitre de garra cruel vio a nuestro infeliz pichón que, arrastrando consigo los restos del lazo que le había cazado, parecía un forzado evadido. Iba ya el buitre feroz a lanzarse sobre él, cuando, a su vez, un águila se precipitó desde las nubes con las alas extendidas. Aprovechando el pichón el conflicto de los dos ladrones, huyó volando y cayó vencido al pie de una casucha. Creyó que sus desdichas terminarían con esta aventura; pero un bribonzuelo rapaz (¡esta edad no conoce la compasión!) echó mano de su honda y medio mató al infeliz volátil, el cual, renegando de su curiosidad, arrastrando el ala y alargando el pie, desfalleciente y cojeando, regresó al hogar fraterno. Bien o mal, consiguió llegar sin otra aventura dolorosa. Ved a nuestros pichones juntos nuevamente, ¡y dejo a vuestra imaginación pensar en los placeres con que borraron sus penas!

¡Oh amantes felices! ¿Queréis viajar? Pues no paséis de las riberas cercanas. Sed el uno para el otro un mundo siempre hermoso, siempre nuevo y diferente; consideraos siempre el todo, que lo demás no cuente.

Yo he amado también, y no hubiera cambiado entonces por el Louvre y sus tesoros, por el firmamento y la celeste bóveda, los bosques y lugares honrados por los pasos y alumbrados por los ojos de la amable y joven pastora a quien serví rendido, sujeto por el hilo de Citerea[54] y obligado por mis primeros juramentos.

---

[54] De Venus, diosa de la isla de Citerea.

## EL MONO Y EL LEOPARDO

El mono y el leopardo ganaban su pan en la feria, proclamando cada uno desde su barraca sus grandes méritos. Uno de ellos decía:

—Caballeros: mis méritos y mi gloria son conocidos en alto sitio. El rey ha querido verme, y si muero, desea hacerse un manguito con mi piel. ¡Es tan abigarrada, cuajada de manchas, sembrada de pintas, rayada y mosqueada!

La variedad agrada, y el público entró a ver al leopardo; pero el espectáculo terminó en seguida, y todos salieron uno a uno. El mono, por su parte, decía:

—Pasen, caballeros, pasen. Aquí veréis cien monerías. La variedad de que tanto se alaba mi vecino el leopardo, sólo la tiene encima. Yo, en cambio, la tengo en el espíritu. Vuestro servidor, primo hermano de Bertrand, el mono que divirtió al Papa durante toda su vida, acaba de llegar a esta ciudad para dirigiros la palabra, porque habla y se le entiende, sabe danzar y bailar, conoce trucos de toda especie y pasa por los anillos; todo por unas moneditas. Si los caballeros no quedan conformes, devuelvo el dinero a la puerta.

Tenía razón el simio: no es en lo exterior donde la riqueza me agrada, sino en el espíritu; éste proporciona siempre agradables recreos, mientras que aquél cansa en un instante a quienes lo contemplan. ¡Cuántos grandes señores, iguales al leopardo, no ostentan más talentos que sus vestidos!

## LA BELLOTA Y LA CALABAZA

Lo que Dios hizo, bien hecho está. Sin recorrer el universo en busca de las pruebas, una encuentro concluyente en las calabazas. Allá va.

Contemplando un rústico el grueso fruto y su fino rabo, dijo:

—¿En qué pensaba el autor de todo esto? ¡Mal sitio ha escogido para esta calabaza! Yo la hubiera colgado de uno de esos robles; para tal árbol, tal fruto. En cambio, ¿por qué la bellota, que no abulta más que mi dedo meñique, no cuelga de esta planta? Dios se ha equivocado. Cuanto más contemplo estos frutos así colocados, tanto más veo que se ha cometido un yerro.

Tanta reflexión fatiga a nuestro hombre. "Con tantas vacilaciones –murmura–, se le va a uno el sueño." Y encamínase bajo un roble para echar una siesta. Cae en esto una bellota sobre la nariz del rústico dormido; éste se despierta y, llevándose la mano a la cara, encuentra aún la bellota entre sus barbas. El dolor de la nariz oblígale a cambiar de tono.

—¡Oh, oh! –exclama–. ¡Echo sangre! ¿Qué hubiera sido si en lugar de la bellota me hubiera caído encima una calabaza? Dios no lo ha querido; no cabe duda que tenía razón, y ahora comprendo la causa.

Y alabando a Dios sobre todas las cosas, nuestro rústico regresa a su cabaña.

## EL ESCOLAR, EL PEDANTE Y EL JARDINERO

Cierto colegial, dos veces bribón y dos veces necio, tanto por su corta edad como por el privilegio que tienen los pedantes de estropear la razón, dícese que en el jardín de su vecino saqueaba flores y frutos.

En otoño este vecino tenía la flor de los hermosos dones que nos ofrece Pomona, mientras los demás se contentaban con los desperdicios. Cada estación le aportaba su tributo, pues en la primavera disfrutaba también de los hermosos dones con que Flora nos regala.

Un día nuestro hombre vio en su jardín al escolar, el cual, trepando sin consideración a un árbol frutal, estropeaba hasta los brotes, dulces y débiles promesas de la abundancia; incluso rompía las ramas del árbol. Tanto estrago causó, que, al fin, el jardinero mandó una queja al dómine del colegio. Éste llegó seguido de un cortejo de chiquillos; ved el jardín invadido por una nube de peores vándalos que el primero. El pedante, por sí y ante sí, aumentó el daño llevando aquella tropa detestable; todo esto, según dijo, para llevar a cabo un castigo que pudiera servir de ejemplo y del cual se acordara siempre el colegio entero como de una lección. Con cuyo motivo citó a Cicerón y a Virgilio, luciendo su profunda ciencia. Tanto duró su discurso, que la maldita pollada tuvo el tiempo de causar mil estropicios en el jardín.

Odio las piezas de elocuencia sin fin y fuera de su sitio, y no conozco bicho más dañino en el mundo que el escolar, a no ser el pedante. Al mejor de los dos no lo quisiera por vecino.

## EL ESCULTOR Y LA ESTATUA DE JÚPITER

Era tan bello un bloque de mármol, que el escultor lo compró al instante.

—¿Qué hará de él mi cincel? –se dijo–. ¿Un dios, una mesa o una jofaina? Haré un dios. Incluso le pondré en la mano un rayo. ¡Temblad, mortales! Preparad vuestras oraciones; ahí tenéis al señor del mundo.

Tan bien expresó el artista el carácter del ídolo, que todos encontraron que sólo le faltaba a Júpiter la palabra. Dícese incluso que el obrero, apenas terminada la imagen, fue el primero en estremecerse y temer a su propia obra.

No fue menos que el pavor del escultor, en otros tiempos el del poeta, temiendo el odio y la ira de los dioses de los que era el inventor. En lo cual el primero era un niño, porque los niños sólo tienen el alma agitada por el continuo temor de no enfadar a su muñeca.

Sigue presto el corazón al espíritu, y de esta fuente proviene el error pagano que a tantos pueblos se extendió después, abrazando violentamente los intereses de su quimera; Pigmalión se convirtió en el amante de la Venus creada por él mismo.[55]

Todos convertimos en realidad, en la medida que podemos, nuestros propios sueños. ¡El hombre es de hielo para las verdades, y para las mentiras, de fuego!

---

[55] Pigmalión se enamoró de la estatua de Galatea hecha por él; Venus la convirtió en mujer, casándose el escultor con ella.

## LA RATA CAMBIADA EN MUCHACHA

Del pico de una lechuza cayó una rata. Yo no la hubiera recogido, pero un brahmín lo hizo. Cada país piensa a su manera. La rata estaba bastante estropeada. De esta clase de prójimos nos cuidamos muy poco; pero el pueblo brahmín los trata como hermanos. Tienen metido en la cabeza que nuestra alma, saliendo de un rey, por ejemplo, entra en un gusano o cualquier animal parecido, según le place a la Suerte; éste es uno de los puntos de su fe. De ellos sacó Pitágoras este misterio.

Así, pues, sobre tal fundamento nuestro brahmín creyó que hacía bien rogando a un hechicero que alojara a la rata en un cuerpo que ésta hubiera habitado en otros tiempos. El brujo la cambió en una muchacha de quince años, tan gentil y bonita, que el hijo de Príamo hubiera intentado por ella más de lo que intentó por la bella Elena. Asómbrase el brahmín ante una cosa tan nueva, y dice a tan dulce objeto:

—No tienes más que elegir, pues todos suspiran por el honor de casarse contigo.

—En ese caso, elijo al más poderoso de todos.

—¡Oh, Sol –exclama el brahmín de rodillas–, tú serás mi yerno!

—No –contesta éste–; ese denso nubarrón es más poderoso que yo, puesto que oculta mis rayos. Te aconsejo que le tomes por yerno.

—¿Has nacido tú para mi hija? –dijo el brahmín al nubarrón viajero.

—¡Ay, cuánto lo siento, pues el viento me arroja de país en país, y nada puedo hacer contra los derechos de Bóreas!

—¡Oh viento –exclama el brahmín irritado–, ven a los brazos de esta hermosura!

Venía ya el viento corriendo, cuando un monte lo detuvo. La novia pasaba a éste, pero también la rechaza, diciendo:

—Tendría una disputa con el ratón, y haría una locura en ofenderle, porque puede atravesarme.

Al oír la palabra ratón, la doncella aguzó el oído; él fue el esposo. ¡Un ratón! Tales sorpresas Amor nos reserva, como ésta y esotra. Pero quédese esto entre nosotros.

\*\*\*

Siempre nos queda algo del lugar de donde procedemos.

Esta fábula prueba con elocuencia este punto; pero, mirando de más cerca, en ella se desliza un tanto de sofisma. ¿Qué esposo no sería preferible al Sol? ¿Puedo decir que un gigante es menos fuerte que una pulga? Ésta, sin embargo, le pica. El ratón, siguiendo el argumento, debió igualmente dejar la hermosa al gato, el gato al perro, el perro al lobo. Y gracias a este razonamiento circular, la doncella, en fin, hubiera vuelto al Sol, y el Sol hubiera gozado de tan joven belleza.

Mas volvamos, si es posible, a la metempsicosis. El brujo del brahmín hizo una cosa que, lejos de probarla, demostró su falsedad. Y aquí me fundo contra el mismo brahmín, pues, según su sistema, es menester que el hombre, la rata, el gusano, todos, en fin, puedan sacar su alma de un común tesoro. Todas son entonces de la misma estirpe; mas, actuando de diverso modo según el cuerpo que es su órgano, una se eleva y la otra se arrastra. ¿De dónde vino, pues, que ese cuerpo tan bien organizado no pudiera obligar a su huésped a unirse al Sol? ¡Un ratón consiguió su cariño!

Bien discutido y bien pesado todo, las almas de las ratas y las de las hermosas son entre sí muy diferentes; hay que volver siempre al original destino, esto es, a la ley que el cielo ha establecido. Podéis hablar al diablo, utilizar la magia: no apartaréis a ningún ser de su destino.

## EL LOCO QUE VENDÍA LA CORDURA

Nunca te pongas al alcance de los locos; es el mejor consejo que puedo darte. Ninguna enseñanza hay igual a la de huir de una cabeza trastornada. Muchas se ven con frecuencia en las cortes, porque el príncipe encuentra placer en las salidas que lanzan siempre contra los bribones, los necios y los ridículos.

Iba un loco gritando por calles y plazuelas que vendía la cordura; los crédulos mortales corrían diligentes a comprarle. Tras muchas muecas, cada cual sacaba con su dinero un fuelle y un hilo de dos brazas. Enfadábase la mayoría; mas ¿para qué? Quedaban los más burlados; era mejor reír el trance, o marcharse con el hilo y con el fuelle.

Si alguno hubiera buscado algún sentido a la broma, se hubiese hecho silbar como un ignorante. ¿Puede la razón responder de lo que hace un loco? El azar es la causa de lo que sucede en un cerebro perturbado.

Un día, sin embargo, un comprador embarazado

con su fuelle y con su hilo fuese a ver a un sabio, quien al instante le dijo:

—Son puros jeroglíficos. Los cuerdos y discretos demostrarán su sabiduría poniendo comúnmente entre ellos y los locos la distancia de este hilo, si quieren evitar esta caricia.[56] No os habéis engañado: ese loco vende la cordura.

## LA OSTRA Y LOS LITIGANTES

Dos caminantes encontraron un día en la arena una ostra que el oleaje acaba de lanzar a la orilla. Entrambos la devoran con los ojos, se la muestran con el dedo; en cuanto al diente, surgió una agria disputa.

Agachábase ya uno para recoger la presa, cuando el otro le empuja y le dice:

—Falta por saber, amigo, cuál de los dos disfrutará de este bocado; será el que primero lo haya visto, y el otro se contentará con mirarle.

—Si por esto ha de resolverse la diferencia –repuso su compañero–, a Dios gracias tengo muy buena vista.

—Tampoco yo la tengo mala, y juro por mi vida que yo la he visto primero.

—¡Pues si tú la has visto yo la he tocado!

En esto llega maese Glotón, y ambos le nombran juez de su litigio. El dómine, gravemente, abre la ostra y la sorbe. Nuestros dos litigantes le contemplan

---

[56] Hay un juego de palabras: la palabra *soufflet* tiene la doble significación de *fuelle* y *bofetada*. "Evitar esta caricia", esto es, evitar este *soufflet*, esta bofetada.

asombrados. Terminada su comida, el juez improvisado les dice sentencioso:

—El tribunal decide daros a cada uno una valva, libre de costas, y que os separéis cada uno en paz con el otro.

Poned lo que cuesta litigar hoy en día; contad lo que luego les queda a muchas familias, y veréis que maese Glotón absorbe los dineros, dejando únicamente a los litigantes las cáscaras y el saco.

## EL LOBO Y EL PERRO FLACO

La carpa en otro tiempo, por mucho que rogó y más que dijo, fue a parar a la sartén sin tenerse en cuenta sus razones.

Hice ver entonces que soltar lo que se tiene en mano con la esperanza de mayores bienes, es una gran locura. El pescador tenía razón, y la carpa no estaba mal aconsejada; cada cual dice lo que puede en defensa de su vida. Voy a reforzar ahora, con un nuevo rasgo, lo que entonces decía.

Cierto lobo, tan necio como el pescador fue sabio, halló un perro en las afueras de la ciudad y quiso devorarlo. El perro le hizo presente su delgadez.

—No quiera vuestra señoría comerme en el estado en que me encuentro; esperad un poco; mi amo casa a su única hija, y comprenderéis que estando de boda, aunque no quisiera, tengo que engordar bastante.

Créele el lobo y deja ir al perro. Pasados unos días va a ver si el can había engordado; mas el bribón se hallaba en la casa y dijo al lobo por una rendija:

—Salgo en seguida, amigo lobo. Si esperas un momento, el portero y yo nos reuniremos contigo.

El portero de la casa era un perro enorme que despachaba a su gusto a los lobos. El nuestro se lo sospechó y dijo:

—Saludos al portero –partiendo a buen paso de aquel sitio. Era muy ágil, pero no tan hábil. Este lobo no sabía aún su oficio.

NI POCO NI DEMASIADO

No encuentro criatura que se conduzca moderadamente. Hay cierta medida que el señor mundo quiere que en todo guardemos. ¿Lo hacemos así? ¡En modo alguno! En el bien o en el mal, nunca sucede esto.

Muy a menudo el trigo, rico presente de la rubia Ceres, colma, por demasiado espeso, los trigales. Brotando con demasiada abundancia, de ordinario se extiende en superfluidades y priva a su fruto del alimento. No menos hace el árbol: ¡es tan seductor el lujo!

Para corregir al trigo, Dios permitió a los carneros devorar el exceso de las pródigas espigas; mas ellos se lanzaron a campo traviesa, mordiéndolo y estropeándolo todo; de tal manera, que el cielo permitió a los lobos que se comieran a unos cuantos carneros. Pero los devoraron todos, y si no lo hicieron, al menos lo intentaron. Permitió entonces el cielo a los hombres que castigaran a los lobos, y abusaron también de la licencia divina.

Entre todos los animales, es el hombre el más inclinado a caer en el exceso. Grandes y pequeños, todos deberían someterse a proceso. No hay alma viva que no peque en esto. Ni poco ni demasiado es un punto de que siempre se habla, pero que nunca se observa.

## EL CIRIO

De la mansión de los dioses nos vienen las abejas. Dícese que las primeras fueron a alojarse al monte Himeto, saciándose con los tesoros que en este lugar mantienen los céfiros. Cuando de los palacios de estas hijas del cielo los hombres arrebataron la ambrosía encerrada en sus cámaras, o, para decirlo, en castellano, después de que a las colmenas quitaron la miel y dejaron sólo la cera, con ella se fabricaron muchas velas y no pocos cirios.

Uno de éstos, viendo que la tierra endurecida al fuego en forma de ladrillos vencía el esfuerzo de los años, sintió igual deseo, y, nuevo Empédocles, condenado a las llamas por su única y pura locura, se lanzó también al fuego. ¡Mal razonamiento! Este cirio no sabía una brizna de filosofía.

Todo es en todo diferente. Arrojad de vuestro espíritu la idea de que ha habido alguien semejante a vosotros. El Empédocles de cera se derritió en el brasero; pero no era más loco que el otro.

## JÚPITER Y EL NAVEGANTE

¡Cómo enriquecería el peligro a los dioses si nos acordáramos de las promesas que nos arranca! Pero, pasado el peligro, no nos acordamos para nada de lo que hemos prometido a los cielos; sólo tenemos en cuenta lo que debemos en la tierra. Júpiter, dice el impío, es un buen acreedor, que no recurre nunca al juzgado. ¿Que no? ¿Y los rayos? ¿Cómo llamáis a estos avisos?

Un navegante sorprendido por una tormenta ofreció cien bueyes al vencedor de los Titanes.[57] No tenía ninguno, y lo mismo le hubiera costado ofrecerle cien elefantes. Llegado sano y salvo a la orilla, quemó unos huesos en lugar de los cien bueyes. Subió el humo hasta las narices de Júpiter, y con el humo la plegaria del hombre:

—¡Oh Júpiter, acepta mi ofrenda! Tu grandeza respira un perfume de buey; el humo es tu parte; más no te debo.

Júpiter fingió conformarse; pero, pasados unos días, el padre de los dioses se desquitó enviándole un sueño para decirle que en tal lugar había un tesoro. Corrió nuestro hombre al tesoro como huyendo del fuego. En el camino tropezó con unos ladrones, y, como no llevaba en su bolsa más que un escudo, les prometió cien talentos de oro, cogidos de su tesoro imaginario, enterrado, según él, en el recinto de tal burgo. Sospecharon los ladrones, y uno de ellos dijo al hombre de las promesas:

Compañero, parece que te burlas de nosotros; vas a morir al instante para llevar a Plutón esos cien talentos de oro.

---

[57] Los Titanes, hijos del cielo y de la tierra, sublevados contra los dioses trataron de escalar el cielo, pero Júpiter fulminó sus rayos contra ellos.

## EL GATO Y LA ZORRA

El gato y la zorra, como dos santitos inocentes, partieron en peregrinación. Eran dos verdaderos pícaros, dos bribones redomados, dos taimados zalameros, que, para cubrir los gastos de viaje, devoraban a porfía las aves y hurtaban los sabrosos quesos.

El camino era largo y fastidioso, y para acortarlo discutieron. Las disputas son una ayuda excelente; sin ellas pasaríamos la vida dormidos. Disputaron, pues, nuestros peregrinos hasta quedarse roncos, y, al fin, la zorra al gato dijo:

—Tú pretendes que eres muy astuto; pero ¿sabes tanto como yo? Yo llevo en el saco cien estratagemas.

—Pues yo –replicó el otro–, sólo llevo en mi alforja un recurso, pero que vale por mil.

Volvió a empezar la disputa sobre que sí, que no, y en esto estaban el gato y la zorra cuando una jauría se abalanzó sobre ellos, poniendo término a la riña.

—¡Escarba en tu saco, amiga; busca en tus sesos astutos una estratagema segura, amiga; que yo tengo la mía! –dijo el gato a la zorra al tiempo que subía velozmente a un árbol.

La zorra buscó cien rodeos diferentes, se metió en cien agujeros, escapó cien veces a los perros; mas todo fue sin resultado; su olor y los sabuesos denunciaban sus argucias. Al salir de un último refugio, dos perros de pies veloces se precipitaron sobre ella, matándola.

Disponer de muchos expedientes puede echar a perder un asunto; piérdese el tiempo eligiendo, intentando, queriéndolo hacer todo. Tengamos uno solo, pero que sea seguro.

## EL MARIDO, LA MUJER Y EL LADRÓN

Un marido muy enamorado de su mujer, aunque gozaba de salud, se creía desdichado. Jamás una mirada de la dama, ni una palabra graciosa y zalamera, ni una palabra amiga, ni una dulce sonrisa, llenando de alegría al infeliz, le habían demostrado verse correspondido.

Así lo creo, porque no era más que un marido. No se detuvo a agradecer a los dioses por un himeneo que lo satisfacía. ¡Y si el amor no adorna y embellece los placeres del himeneo, no veo modo de que no suceda lo que a este triste marido!

Siendo la esposa, como digo, huraña y desabrida, lamentábase éste una noche, cuando un ladrón vino a interrumpir su queja. Tan grande fue el temor de su mujer, que la pobre se arrojó en los brazos del marido buscando amparo en ellos.

—¡Ladrón amigo –exclamó nuestro hombre–, sin ti no hubiera conocido tan dulce bien! Toma como recompensa todo lo que quieras; llévate la casa si deseas.

Los ladrones no son gentes ruborosas y delicadas, y éste hizo su agosto.

De esta historia infiero que la pasión más fuerte es el miedo. Éste puede vencer la repugnancia y a veces el amor; éste otras veces lo domina. Valga como prueba ese amante que quemó su casa para abrazar a su amada, salvándola a través de las llamas. El cuento siempre me ha complacido; digna acción de un alma española, más grande que demente.

## LOS DOS HOMBRES Y EL TESORO

Un hombre ya sin recursos y sin crédito, teniendo al diablo como único huésped de su bolsa, lo que quiere decir que la tenía vacía, pensó que haría muy bien en colgarse y poner fin a su miseria, pues si él no lo hacía, el hambre no dejaría de hacerlo. Mas éste es un género de muerte que no conviene contemplar a los que no tengan gran curiosidad por ver el tránsito a la otra vida.

Con tal intención, una casucha derruida fue escenario elegido por nuestro hombre para su última aventura. Lleva a tal fin una cuerda y quiere, con ayuda de un clavo, sujetar el lazo en lo alto de un muro. La pared, vieja y poco resistente, se abre a los primeros golpes, derrumbándose con un tesoro. Nuestro desesperado lo recoge, deja el lazo y márchase con el oro sin detenerse a contar la suma.

Mientras el afortunado se aleja a grandes pasos, llega el guardador del tesoro y encuentra ausente su dinero.

—¡Oh dioses! –exclama–, ¿perderé sin morir mi tesoro?

El nudo estaba listo; sólo faltaba un hombre. El avaro se ajusta el lazo y se cuelga en un momento. Quizá murió con el consuelo de que otro hubiera hecho por él el gasto de la cuerda. Tanto el dinero como el lazo, los dos encontraron dueño.

Raramente el avaro termina sus días sin llantos y sin duelos: él es quien menos disfruta del tesoro que febril abraza, amontonando oro para los bandidos, los parientes o la tierra. Mas, ¿qué decir del cambio que la suerte nos presenta en este cuento? ¡Son las bromas que se gasta para burlarse de nosotros! Cuanto más extravagante es la jugada, tanto más se divierte. Esta diosa inconstante se propuso ver colgarse a un hombre, y el que se colgó es el que se lo esperaba menos.

## EL MONO Y EL GATO

Bertrand y Ratón, uno mono y el otro gato, ambos comensales de una misma casa, tenían un amo común. Para bichos endiablados, formaban los dos una buena pareja: no temían la competencia de ningún otro, fuera el que fuese. Si en la casa aparecía algún estropicio, inútil buscar al culpable: Bertrand lo ocultaba todo. Por su parte, Ratón cuidaba menos de las ratas que de los quesos.

Un día junto al fuego nuestros dos bribones contemplaban cómo se asaban unas castañas. Robarlas era broma excelente, y el beneficio doble: su propio provecho primero, y el mal ajeno después. Bertrand dijo a Ratón:

—Hermanito, tienes que hacer una de las tuyas: sácame esas castañas del fuego. Si Dios me hubiera hecho capaz de sacarlas, ciertas castañas danzarían de contento.

Y dicho y hecho: Ratón, con su pata, delicadamente separa la ceniza y retira los dedos; poco a poco saca una castaña, luego dos, tres después, y Bertrand se las come. Llega una criada, y adiós mis gentes. Dícese que Ratón no quedó muy contento.

Tampoco quedan la mayoría de esos príncipes que, halagados con semejante empleo, van a escaldarse en las provincias en beneficio de algún rey.

## EL RUISEÑOR Y EL MILANO

Después de que el milano, ladrón público y notorio, sembró la alarma a la redonda, y atrajo sobre sí los gritos de los muchachos del pueblo que le corrían, un ruiseñor cayó en sus garras, para su desdicha.

El heraldo de la Primavera pídele gracia de su vida:

—¿Qué alimento encontrarás en quien sólo tiene su canto? Escucha mejor mi canción. Te cantaré la historia de Tereo.

—¿Qué es ese Tereo? ¿Un manjar para milanos?

—No; era un rey cuyos bárbaros ardores me hicieron víctima de su pasión criminal. Volaré para cantarte un canto tan bello que endulzará tus oídos.

Pero el milano le responde:

—¡Llegas a punto, amigo! ¡Venirme a hablar de música cuando estoy en ayunas!

—Pues de música hablo a los reyes.

—Cuando te cace un rey, cuéntale entonces esas maravillas; tratándose de un milano, éste se ríe de tus canciones. ¡Vientre vacío no tiene orejas!

## EL PASTOR Y SU REBAÑO

—Pero ¿va a faltarme siempre algún imbécil de este pueblo necio? ¿Se burlará siempre el lobo de mí? ¡Inútil es que los cuente! Eran más de un millar, y han dejado que me roben al pobre Robín.[58] ¡A Robín el carnero que paso a paso me seguía por un mendrugo de pan, y así me hubiera seguido hasta el fin del mundo! ¡De mi zampoña, ay, entendía el sonido, y a mí me distinguía en cien pasos a la redonda! ¡Pobre Robín el carnero!

Cuando Guillot terminó este canto fúnebre, haciendo pasar a la posteridad el nombre de Robín el carnero, arengó a todo el rebaño, jefes y multitud, sin olvidar al último cordero, conjurándoles a defenderse con valor; esto sólo bastaría para rechazar a los lobos.

A fe de pueblo de honor, juraron todos no ceder ni un palmo de terreno.

—Entre todos ahogaremos al lobo que nos robó a Robín el carnero –prometieron todos por su cabeza.

Creyóles Guillot y les felicitó por su valentía. Pero al caer la noche, apareció un lobo, y el rebaño entero emprendió la huida. ¡Y no era un lobo, que era su sombra!

¡Arengad a los malos soldados! Os prometerán devorar al enemigo; pero ante el menor peligro huirá toda su valentía. Ni vuestros gritos ni vuestro ejemplo bastarán a detenerlos.

LOS DOS RATONES, LA ZORRA Y EL HUEVO

Buscando su vida dos ratones, hallaron por fin un huevo. Bastando éste para la cena de nuestras gentes, no era necesario que encontrasen un becerro.

---

[58] Robín, nombre caprichoso dado por La Fontaine al carnero de esta fábula; Guillot, pastor, más adelante, lo mismo.

Llenos de apetito y de alegría, iba a engullir cada uno su parte de huevo, cuando apareció un quídam, que era la señora zorra. ¡Encuentro fastidioso y desdichado! ¿Cómo salvar el huevo si se acercaba? ¿Empaquetarlo y llevarlo con las patas delanteras? ¿Empujarlo rodándolo o arrastrándolo? ¡Cosas todas tan imposibles como peligrosas!

Pero como necesidad aguza ingenio, ocurrióseles al fin una invención: la raposa estaba aún a medio cuarto de legua, y tenían tiempo de ganar su agujero; túmbase uno de espaldas y toma entre las patas el huevo; luego el otro, no obstante varios pasos en falso y varios trompicones, arrástrale por el rabo hasta el agujero.

¡Que venga nadie a decirme tras este cuento, que no tienen alma los animales! Si fuera yo el señor del mundo, les daría tanta como a los niños. ¿Piensan éstos desde sus tiernos años? ¿Puede pensar alguien antes de conocerse? Por parejo ejemplo, daría al animal no una razón según nuestro estilo, pero algo más que un resorte ciego. Sutilizaría de tal modo un pedazo de materia, que fuera difícil concebirla: quintaesencia del átomo de la luz extraída, algo más vivo y ligero aún que el fuego. Porque si al cabo la madera se muda en llama, ¿no puede darnos la llama depurándose una idea del alma? ¿Es que sale oro de las entrañas del plomo?

Daría a mi obra la capacidad de sentir, de juzgar, nada más; y de juzgar imperfectamente, sin que nunca un mono pudiese hacer el menor argumento. Pero en cuanto a los hombres, reforzaría infinitamente nuestro lote. Doble sería nuestro tesoro; de una parte, esta alma semejante en todos nosotros, cuerdos y locos, niños y necios, huéspedes del universo bajo el nombre de animales; de otra, un alma común en cierto grado entre los ángeles y nosotros, y este tesoro creado aparte seguiría por los aires las celestes falanges, deteniéndose a voluntad en cualquier punto del espacio, sin terminar jamás aunque habiendo empezado. Mientras durase la infancia, esta hija del cielo parecería sólo una lucecilla débil y sensible; cuando el órgano fuese más fuerte, la razón rasgaría las tinieblas de la materia, la cual seguiría envolviendo la otra alma, imperfecta y grosera.

# Libro décimo

EL HOMBRE Y LA CULEBRA

Un hombre encontró una culebra y le dijo:

—¡Ah, malvada, voy a cumplir un acto benéfico para el mundo entero!

Dichas estas palabras, el animal perverso (quiero decir la serpiente, y no el hombre; sería fácil equivocarse), o sea la serpiente, déjase atrapar y meter en un saco. Fue lo peor que, culpable o no, se decidió su muerte. A fin de convencerla de la razón que le asistía, el hombre lanzó esta arenga:

—¡Símbolo de los ingratos! Ser bueno con los malvados es ser necio. Vas a morir. Tus dientes y tu veneno nunca más me harán daño.

La serpiente le respondió como pudo en su lenguaje.

—Si hubiera de condenarse a todos los ingratos que hay en el mundo, ¿quién podría ser perdonado? Te estás haciendo tu mismo proceso; y me fundo para decirlo en tus mismas lecciones; no tienes más que volver los ojos hacia ti. Mi vida está en tu mano; siégala. Tu injusticia es tu provecho, tu placer, tu capricho. Condéname, pues, según estas leyes; pero sufre al menos que, próxima a la muerte, te diga que el símbolo de los ingratos no es la serpiente, sino el hombre.

Tales palabras detuvieron la mano del hombre; éste retrocedió un paso y al fin repuso:

—Tus razones son sin fundamento. Podría resolver sin más, porque el derecho de decidir me pertenece; pero sometamos a tercero nuestra disputa.

—Acepto –dijo el reptil.

Por azar se hallaba próxima una vaca; llamáronla; ella vino; explicáronle el caso.

—La cosa está clara. ¿Qué necesidad teníais de llamarme? –dijo la vaca–. Tiene razón la culebra. ¿Por qué ocultarlo? Al hombre alimento desde hace muchos años; no ha pasado sin mis beneficios ni una sola jornada. Todo es para él; con mi leche y mis hijos llena sus cántaras y su bolsa. Hasta su salud, alterada por los años, gracias a mí ha restablecido. Mis fatigas tienen por objeto su placer y sus necesidades. Y ahora que soy vieja, me deja en un rincón sin hierba. ¡Si al menos me dejara suelta para pacer! Pero me tiene atada. Si mi amo fuese una serpiente, ¿llevaría tan lejos su negra ingratitud? ¡Adiós! He dicho lo que pienso.

El hombre, asombrado de tal sentencia, dijo a la serpiente:

—¡No hay que hacer caso de lo que dice! ¡La pobre desvaría! Confiémonos en lo que diga ese buey.

—Confiémonos –contestó el animal rampante.

Y dicho y hecho: el buey se acercó sosegadamente. Luego de rumiar en sus sesos el asunto, dijo que para nosotros solos hacía los esfuerzos más pesados, recorriendo sin cesar ese largo ciclo de penalidades que lleva a nuestras eras lo que Ceres nos da y vende a los animales. Y que, como recompensa de todos estos trabajos, recibía de nosotros muchos golpes y muy poco provecho. Después, cuando llegaba a viejo, creíase honrarle cada vez que los hombres compraban al precio de su sangre la indulgencia de los dioses.

Así habló el buey, y el hombre dijo:

—¡Cállese este charlatán fastidioso! Rebuscando frases de efecto, viene a convertirse en lugar de árbitro en acusador. También le recuso.

Tomaron entonces al árbol como juez. Y fue peor que los otros. Para nosotros servía de refugio contra el calor y la lluvia y contra el furor de los vientos. Para nosotros solos adornaba los campos y los jardines. No era sólo la sombra el bien que sabía darnos, pues también se doblaba con el peso de los frutos. Y por todo salario, un rústico le abatía. ¡Tal era su recompensa! Aunque a lo largo del año nos da, liberal, flores en la primavera y en el otoño frutas, en el verano la sombra y los placeres del hogar en el invierno, ¿por qué no le podaban, sin abatirlo a hachazos? Pues por sus fuerzas aún podía seguir viviendo.

El hombre, condenado por tres veces, quiso a toda costa ganar el pleito:

—¡Idiota soy escuchando a estas gentes! –dijo, y asiendo el saco con la serpiente le golpeó contra los muros hasta matar al animal rampante.

Tales son las maneras de los poderosos. Oféndeles la razón; tienen metido en la cabeza que todo ha nacido para ellos, hombres, cuadrúpedos y serpientes. Si alguno despega los labios, es un necio. Así lo creo. ¿Qué hacer entonces? ¡Hablar desde lejos o quedarse mudo!

## LA TORTUGA Y LOS DOS PATOS

Hubo una vez una tortuga de ligero seso que, cansada de su rincón, quiso ver otros países. Fácil es desear una tierra extranjera. Fácil para los prisioneros odiar la cárcel de su vida.

Dos patos a quienes la comadre tortuga les habló de su deseo, dijéronle que ellos podían satisfacerla.

—¿Ves ese largo camino? Pues nosotros te llevaremos por los aires hasta América. Allí verás no pocos reinos y rebúplicas y pueblos. Podrás aprovechar, como hizo Ulises, las diferentes costumbres que observes en ellos.

Nadie esperaba ver a Ulises en este asunto. Aceptó la tortuga su propuesta; cerróse el trato; construyeron los patos una máquina voladora para llevar a la viajera. Pasáronle un palo a través de la boca, y dijéronle:

—Aprieta bien; guárdate de abrir la boca.

Luego cada pato sujetó un extremo del palo, y alzaron el vuelo. Viendo a la tortuga por los aires, se asombró todo el mundo de ver volar al animal lento y su casa, llevando a uno y otro lado un pato.

—¡Milagro! –exclamaron–. ¡Ved por las nubes a la reina de las tortugas!

—La reina soy, en efecto, y hacéis mal en burlaros.

Pero más le hubiera valido seguir su camino sin decir ni pío, porque, soltando el palo al abrir la boca, cayó por tierra y se estrelló a los pies de los mirones. Su vanidad fue la causa de su muerte.

Imprudencia y necia vanidad, curiosidad y charlatanería forman estrecho parentesco, siendo como son descendencia de una misma raza.

## LOS PECES Y EL CORMORÁN

No había un solo lago en cierta comarca que no rindiera tributo a cierto cuervo marino.[59] Depósitos y viveros pagábanle pensión. Así tenía siempre excelente cocina; pero cuando los largos años helaron la sangre del pobre animal, la misma cocina perdió su lujo de antaño. Los cormoranes son sus propios proveedores; pero nuestro cormorán, demasiado viejo para ver hasta el fondo de las aguas, no disponiendo tampoco de redes ni redecillas, sufría una escasez extremada. ¿Qué hizo, pues? La necesidad, maestra en estratagemas, le enseñó la siguiente:

A la orilla de una laguna, el cormorán vio un cangrejo.

—Compadre –le dijo–, ¿quieres llevar un aviso importante a ese pueblo sumergido? Dile que está resuelta su muerte. El dueño de estos lugares vendrá a pescar dentro de ocho días.

Fuese el cangrejo a marchas forzadas para contar la mala noticia. Prodújose un gran revuelo; todos corrieron, se reunieron, nombraron una delegación para hablar al ave amiga.

—¿De dónde os viene, señor cormorán –le preguntaron–, la noticia? ¿Estáis seguro de ello? ¿Conocéis algún remedio? ¿Qué debemos hacer en este trance?

—¡Cambiar de sitio! –respondió.

—¿Y cómo podremos hacerlo?

—No os inquietéis por esto; yo os llevaré a todos,

---

[59] El *cormorán* (palabra francesa), palmípedo de largo pico y plumaje oscuro que se alimenta de peces.

uno por uno, a mi refugio. Sólo Dios y yo conocemos los caminos; no hay en el mundo morada más secreta. Un vivero que la Naturaleza abrió con sus propias manos, desconocido de los hombres traicioneros, salvará a vuestra república del exterminio.

Dieron crédito a sus palabras, y el pueblo acuático fue trasladado, pez tras pez, a la escarpada roca desconocida. Y allí nuestro cormorán, el buen apóstol, luego de colocarlos en un lago transparente, muy estrecho y poco hondo, devorólos sin esfuerzo, un día uno, al día siguiente otro. Así les enseñó a su costa que no hay que fiarse en quienes están acostumbrados a engullir a las gentes. Aunque no perdieron gran cosa, porque al fin la humana ralea hubiera devorado una buena parte de los peces.

¿Qué importa quién os devora: hombre o lobo? Sea cualquiera la panza donde vais a parar, es una y la misma. Día más o día menos, la diferencia no es muy grande.

## EL AVARO Y SU COMPADRE

Tanto había amontonado un atrapa-monedas, que no sabía dónde guardar su dinero. La avaricia, hermana y compañera de la ignorancia, llenábale de dudas para elegir depositario. Pues nuestro avaro buscaba uno, y he aquí sus razones:

—Tenerlo yo, es tener la tentación en casa. Si yo lo guardo, el montón disminuye. Yo mismo sería el ladrón de mi tesoro.

¿El ladrón? ¿Es posible que disfrutar se considere

robarse a sí mismo? ¡Ay, amigo, compadezco tu error tan grave! Aprende la lección que quiero darte.

La riqueza no es tal sino en cuanto podemos deshacernos de ella; sin esto es un mal. ¿Quieres conservarla para una edad y unos tiempos que no sabrán en qué emplearla? El trabajo de adquirirlo y el cuidado de conservarlo privan de su valor al oro, que se cree tan necesario. Para librarse de este cuidado, nuestro avaro hubiera podido hallar tal vez personas de confianza, mas prefirió la tierra, y, acompañándose de un compadre, éste le ayudó a sepultar su tesoro.

Al cabo de algún tiempo, va nuestro hombre a ver su oro y encuentra solamente el sitio. Sospechando con razón de su compadre, corre a verle y le dice:

—Prepárate, que todavía me quedan unos dineros y quiero añadirlos a la otra cantidad.

El compadre vuela a poner en su sitio el dinero robado, esperando volver a recogerlo todo sin que falte ni una moneda. Mas esta vez el otro fue más cuerdo y guardó todo en su casa, resuelto a gozar, a no seguir amontonando y a no enterrar su dinero. Y el pobre ladrón, que no volvió a ver el tesoro, tarde se dio cuenta de su candidez.

No es muy difícil engañar a un embustero.

EL LOBO Y LOS PASTORES

Un lobo de humanidad lleno (¿hay tales lobos en el mundo?) hizo un día sobre su crueldad, que no ejercía sino por necesidad extrema, una reflexión profunda.

—Todos me odian –dijo–. El lobo es el enemigo

común: perros, cazadores, aldeanos se reúnen para darle muerte. En los cielos Júpiter está sordo con sus gritos. Inglaterra por lo mismo se ha quedado desierta de lobos,[60] poniéndose precio a nuestras cabezas. No hay hidalguillo que no publique un bando contra nosotros, ni madre que no amenace a su crío con el lobo en cuanto empieza a berrear. ¡Y todo por un burro sarnoso, por un carnero enfermo o por un perro miserable que haya despertado mi apetito! Pues bien; no volveré a engullir nada que tenga vida. Comeré hojas, rumiaré hierba, me moriré de hambre si hace falta. ¿Es un mal tan grave? ¿Vale más atraerse el odio del universo entero?

Acabó de decir estas palabras y vio a unos pastores que estaban devorando un cordero tostado en un asador.

—¡Oh, oh –exclamó–; me reprocho la sangre de esta raza, y he ahí a sus guardianes hartándose con sus perros! ¿Y voy a andarme yo, lobo, con escrúpulos? ¡Voto a todos los dioses que no! ¡No quiero hacer el ridículo! El nuevo corderillo pasará a mi garganta, sin necesidad de asador para ello; y no sólo el corderillo, sino la madre que lo amamanta y el padre que lo engendró.

Razón tenía nuestro lobo. ¿Quién ha dicho que hagamos un festín con toda presa, devorando a los animales, mientras a éstos los reducimos a los manjares de la edad de oro,[61] siempre que podemos? Pa-

---

[60] El rey Edgar, hacia 961, sustituyó el tributo en plata por un tributo de trescientas cabezas de lobos.
[61] Esto es, los frutos que da la tierra.

ra ellos, ni carne ni marmita. ¡Ay, pastores: sólo yerra el lobo cuando no es el más fuerte! ¿Queréis que viva como un santo ermitaño?

## LA ARAÑA Y LA GOLONDRINA

—¡Oh Júpiter, escucha mi queja, aunque sólo sea una vez en tu existencia! Progné viene a robarme los bocados. Revoloteando, rizando los aires y las aguas, me arrebata las moscas en mi misma puerta; mi red estaría llena si no fuera por ese pájaro maldito, pues su tejido es resistente.

Con este discurso insolente quejábase la araña, antigua tejedora, y que, hábil hilandera, pretendía cazar a lazo a todo insecto volandero. Pero la hermana de Filomela, atenta a su presa a pesar del animalejo, atrapaba las moscas en el aire para sus crías y para ella misma; implacable alegría que sus hijos glotones, con el pico siempre abierto y torpe lengua balbuciente, pedían a gritos sin descanso.

Al fin, la pobre araña, sin más armas que la cabeza y las patas, ociosos artesanos, desapareció también en el pico de la golondrina, que se llevó al pasar la tela y el animal colgando de ella.

Júpiter ha colocado en el mundo una mesa para cada estado: el hábil, el vigilante y el fuerte se sientan en la primera; los débiles comen sus sobras en la segunda.

## LA PERDIZ Y LOS GALLOS

Cebaban a una perdiz entre ciertos gallos inciviles y nada galantes, siempre enzarzados en turbulentas luchas. Esperaba la perdiz de estos gallos, pueblo pronto a la pasión amorosa, que por su sexo y por su hospitalidad se comportarían caballerosamente, haciéndole los honores del corral. Pero ese pueblo guerrero, tan a menudo furioso, manifestó muy poco respeto hacia la dama extranjera, haciéndole sufrir horribles picotazos.

La perdiz al principio se mostró muy ofendida; pero al ver a esa tropa rabiosa atacarse entre sí, sangrándose sin piedad, no tardó en consolarse.

—Son las costumbres de este pueblo –dijo–; no debemos acusar a estas gentes, sino, por el contrario, compadecerlas. Júpiter no ha cortado todas las almas con un solo patrón. Distinto es el natural de gallos y perdices. Si de mí dependiera, pasaría mi vida en más honesta compañía. Pero el señor de estos lugares lo tiene ordenado de otro modo. Él nos caza con redes y luego nos aloja con los gallos, cortándonos las alas. Es sólo del hombre de quien podemos quejarnos.

## EL PERRO CON LAS OREJAS CORTADAS

—¿Qué delito cometí para verme de este modo, mutilado por mi propio amo? ¡Guapo me han dejado! ¿Cómo atreverme a aparecer delante de los otros perros? ¡Oh reyes de los animales, o mejor dicho, sus verdugos! ¡Quién pudiera haceros las mismas cosas!...

Así clamaba Muflar, dogo jovencillo, porque los criados de su amo le acababan de cortar sin piedad las orejas, haciendo muy poco caso de sus gritos penetrantes y dolorosos. Muflar creyó salir perdiendo, y con el tiempo vio que había salido ganando mucho, porque, muy inclinado a atacar a sus semejantes, más de una mala aventura le hubiera hecho volver con esos apéndices en cien sitios perforados: perro pendenciero sale siempre con las orejas sangrando.

Lo menos que podemos dejar como presa para los dientes ajenos, es lo mejor. Cuando no tenemos más que un lugar que defender, se le pertrecha por miedo a una mala aventura. Sirva de ejemplo maese Muflar, armado con su collar de hierro. Y tanto más cuanto que, con una oreja como la palma de mi mano, un lobo no hubiera tenido por dónde asirle.


### EL PASTOR Y EL REY

A su capricho dos demonios se reparten nuestra vida, luego de arrojar de su patrimonio la razón. No conozco ningún corazón que no les rinda pleitesía, y si me preguntáis su estado y su nombre, os diré que llamo a uno el amor y la ambición al otro.

El segundo extiende más lejos su dominio, porque también la ambición entra en el amor. A esto tiende este cuento, aunque mi objeto es decir cómo un rey llamó a su corte a un pastor.

Vio este rey un rebaño que cubría todos los prados, bien alimentado y bien lucido, y rentando todos los años, gracias a los cuidados del pastor, importantes sumas de dinero. Gustóle el pastor al rey por estos cuidados diligentes, y le habló de esta manera:

—Mereces ser pastor de hombres; deja tus carneros y ven a conducir este otro rebaño. Desde hoy te nombro juez supremo.

Ved a nuestro pastor con la balanza de Temis en la mano. Aunque no había visto otros seres que a un ermitaño, su rebaño y sus perros, a más del lobo, no le faltaba cierto buen sentido; lo demás viene por añadidura. En una palabra: el pastor salió airoso de su cometido.

El ermitaño no olvidó a su vecino, y corrió para decirle:

—¿No es un sueño lo que veo? ¿Vos favorito y grande del reino? Pero ¡desconfiad de los reyes! Su favor es variable y se presta a engaño. Mas lo peor es que sale caro. Insignes errores no producen siempre sino ilustres codicias. Creedme y temedlo todo, pues os hablo como amigo.

Rió el pastor de sus temores, pero siguió el ermitaño:

—Ved cómo la corte os priva ya de cordura. Paréceme tratar con aquel ciego que yendo de camino tomó a una serpiente helada de frío por una correa; había perdido la suya y dio gracias al cielo por el feliz hallazgo. Pasó un caminante y le dijo: —¿Qué tenéis en la mano, santos dioses? ¡Arrojad ese animal traidor y dañino, esa serpiente! —Es una correa. —Os digo que es una serpiente. ¿Qué interés puedo tener en insistir tanto? ¿Queréis conservar ese tesoro? —¿Por qué no? Mi correa estaba gastada, y encuentro una excelente. Habláis así por envidia. En fin, el ciego no quiso creerle, y no tardó en perder la vida, porque la serpiente, cuando recobró el calor, mordió a su hombre en el brazo. En cuanto a vos, atrévome a deciros que aún os sucederá algo peor que esto.

—¿Qué podría hallar más que la muerte?

—Mil disgustos peores –repuso el ermitaño profeta.

Y así sucedió, en efecto; tenía razón el profeta. Tanto hizo la peste cortesana, tantos resortes movió, que la inocencia del juez y su mérito hiciéronse sospechosos al príncipe. Muévese la conjura, búscanse acusadores y gentes perjudicadas por sus decretos. "Con nuestros bienes –dicen todos– se ha hecho un palacio." Quiso el rey ver con sus ojos las inmensas riquezas. Halló por todas partes humildad, alabanzas del desierto y la pobreza: tales eran sus grandezas.

—Su riqueza –arguyeron– la esconde en piedras preciosas, guardadas en un arca de diez cerrojos.

Él mismo abrió la tapa, confundiendo a los impostores. Abierta el arca, sólo vieron harapos, el traje de un guardián de rebaños y su zampoña.

—¡Dulce tesoro, amada riqueza, que nunca concitasteis contra vosotros la envidia y la mentira: volved a mis manos! ¡Salgamos de estos ricos palacios como quien sale de un sueño! –exclamó el pastor–. ¡Perdonad, oh señor, este arrebato! Bien preví, al subir a esta altura, mi caída. Me he complacido en ella demasiado tiempo; pero ¿quién no lleva en la cabeza un grano de ambición?

## LOS PECES Y EL PASTOR FLAUTISTA

Tirsis, que sólo para su Juana hacía resonar los acordes de una voz y una zampoña, capaces de conmover a un muerto, cantaba un día al borde de un arroyo que regaba las floridas praderas donde habitaba Céfiro. Entretanto, Juana pescaba con caña y con anzuelo; pero ningún pez picaba, y la pastora perdía sus afanes.

Creyó el pastor, y creyó mal, que con sus canciones, que hubieran podido atraer a seres inhumanos, podría seducir también a los pececillos y les cantó de esta manera:

—Dejad, habitantes de estas ondas, a vuestra náyade en su gruta profunda, y venid a contemplar un ser mil veces más encantador. No temáis caer en las prisiones de la hermosa, cruel sólo para mí, infelice. Seréis tratados con dulzura en el vivero que os aguarda, más límpido que el cristal transparente. Y aun cuando para algunos fuera fatal el cebo, morir a manos de Juana es suerte que a cualquiera envidio.

Discurso tan elocuente no causó el menor efecto; el auditorio era tan sordo como mudo. En vano Tirsis predicaba: sus melosas palabras se las llevaba el viento. Tendió entonces una red, y ved prisioneros a los pececillos, vedlos a los pies de la pastora.

¡Oh pastores de hombres, que no de ovejas! ¡Reyes que con razones queréis conquistar los espíritus de una muchedumbre reacia! ¡No es ése el modo de lograr lo que se anhela! Otras son las maneras necesarias: servíos de vuestras redes. ¡El poder lo es todo!

## LOS DOS LOROS, EL REY Y SU HIJO

Dos loros en cierta ocasión (padre el uno y el otro hijo), en la mesa de un rey encontraban su sustento. Dos semidioses, el uno hijo y el otro padre, habían hecho de estos pájaros sus favoritos. Los años forjaron entre estas gentes una amistad sincera: amábanse los dos padres; los dos hijos, pese a su corazón variable, acomodábanse el uno al otro, criados juntos y compañeros de escuela.

Harto era el honor para el joven papagayo, pues el niño era príncipe y su padre monarca. Gracias al carácter que le había dado la Parca, el niño príncipe amaba a los alados pájaros. Un gorrioncillo coquetón, y el más mimoso de todo el reino, contribuía también a las delicias del príncipe. Jugando un día los dos rivales, como suele suceder entre mozalbetes, convirtióse el juego en cruel disputa. El gorrión, nada circunspecto, se atrajo tales picotazos que, medio muerto y arrastrando el ala, creyósele condenado sin remedio. Indignado el príncipe, hizo morir al joven papagayo.

Llegó el rumor a oídos del padre. El infortunado y viejo loro grita y se desespera. Todo es en vano; piérdense sus gritos. El pájaro parlante ocupa ya la barca de Caronte; o, por mejor decir, el pájaro que ya no habla decide a su padre que furioso caiga sobre el hijo del monarca y le arranque los ojos. En el acto se pone a salvo, escogiendo por asilo la copa de un alto pino. Desde allí, en el seno de los dioses, saborea su venganza en lugar seguro y tranquilo. El rey en persona se dirige a tal sitio y dice para atraerle:

—Vuelve a mi palacio, mi viejo amigo. ¿De qué nos sirve llorar? Dejemos el odio, la venganza y el duelo a la puerta. Aunque mi dolor sea aún tan grande, debo declarar que la falta viene de nuestra parte: mi hijo fue el agresor. ¡No mi hijo, sino la suerte! ¡Ésta es la autora de la tragedia! La Parca tenía escrito en su libro que uno de nuestros hijos dejaría de vivir, el otro de ver. ¡Ésta ha sido la desgracia! Consolémonos el uno al otro; vuelve, amigo, a tu jaula.

—Señor rey –repuso el viejo papagayo–, ¿crees que después de tan grave ofensa puedo fiarme de ti? Acabas de hablarme de la Suerte. ¿Pretendes acaso engañarme con el cebo de un lenguaje profano? Rija la Providencia o gobierne el Destino, los asuntos de este mundo, allá arriba está escrito que en la copa de este pino o bien en algún bosque profundo terminaré mis días, lejos del fatal objeto que para ti es un justo motivo de furor y de odio. Sé que la venganza es bocado de rey, pues como dioses vivís los reyes. Dices que quieres olvidar esta ofensa y yo lo creo; pero es más seguro evitar tu mano y tus miradas. Señor Rey y amigo, aléjate, que pierdes el tiempo hablándome de volver a tu lado. La ausencia es tan buen remedio contra el odio como contra el amor.

## LA LEONA Y LA OSA

Perdió la madre leona a su cachorro en manos de un cazador experto. La pobre desdichada lanzaba tales rugidos, que el bosque entero se estremecía. Ni la noche ni su oscuridad, ni su silencio y demás encantos bastaban a contener el estrépito infernal. El oso, al fin, le dijo:

—Comadre, escucha una pregunta: todos los hijos que han pasado por tu boca, ¿no tenían padre ni madre?

—Sí, tenían padre y madre.

—Siendo así, y no habiéndonos ninguno roto los oídos con sus gritos; habiéndose callado tantas madres, ¿por qué no te callas tú también?

—¡Callarme yo, desgraciada de mí! ¡Ay, perdí a mi hijo y ahora arrastraré una vejez dolorosa!

—Un momento: ¿quién te obliga a ello?

—¡Ay, el Destino que me odia!

—Las mismas palabras han estado siempre en la boca de todos.

¡A vosotros, desdichados humanos, se dirige esto! Doquiera oigo resonar fútiles lamentos. Todos, en caso parecido, créense odiados por los dioses. ¡Recordad a Hécuba, y daréis gracias a los dioses!

LOS DOS AVENTUREROS Y EL TALISMÁN

No hay camino de flores que conduzca a la gloria. Bástame como testigo Hércules y sus trabajos. Casi este dios no tiene rivales; pocos le conozco en la fábula, y menos aún en la historia. He aquí uno, sin embargo, al que viejos talismanes le llevaron a buscar fortuna en el país de las leyendas.

Nuestro hombre emprendió el viaje con un compañero. En cierto lugar del camino hallaron un poste con el siguiente escrito:

"Señor aventurero: si te asalta el deseo de ver lo que no ha visto otro caballero errante, cruza este torrente, toma luego en tus brazos un elefante de piedra que hallarás en el suelo, y llévalo sin detenerte a la cumbre de ese monte que con su frente soberbia amenaza a los cielos".

Uno de los caballeros sintió achicarse su valor ante la aventura:

—Si la corriente es tan rápida como profunda y suponiendo que la pasemos –dijo–, ¿para qué cargar después con el estorbo del elefante? ¡Ridícula aventura! El autor de esta broma se las habrá arreglado para que podamos llevar el elefante cuatro pasos; pero ¡hasta el pico del monte y sin descanso! Esto no lo hace mortal alguno. A menos que no sea una figura de elefante enano, un pigmeo, un aborto para poner como puño de un bastón. Y en este caso, ¿dónde se halla la gloria de tal aventura? Yo creo que nos quieren engañar con este escrito. De seguro que es un enigma para un chiquillo. En fin, ahí os dejo con vuestro elefante.

Partió el ergotista, y nuestro audaz aventurero se lanzó con los ojos cerrados a través de la corriente. Ni violencia ni hondura pudieron detenerle, y, según el escrito, vio al elefante en tierra en la otra orilla. Tómalo en sus brazos, parte y llega a lo alto del monte. Encuentra una explanada, luego una gran ciudad. En esto lanza un grito el elefante, y el pueblo sale en armas. Cualquier otro aventurero hubiera huido; mas el nuestro, lejos de volver la espalda, quiere, al menos, vender cara su vida y morir como un héroe. Quédase asombrado al oírse proclamar monarca por tal cohorte en lugar de su rey recién muerto. Sólo se hizo rogar para cubrir las apariencias, diciendo que la carga era harto pesada. Otro tanto dijo Sixto cuando le nombraron padre santo. (Preguntó si es una desdicha ser rey o ser papa.) Y poco tardó en conocer su escasa buena fe.

La ciega fortuna sigue a la ciega audacia. Hace bien algunas veces el cuerdo en ponerse a la obra antes de dar tiempo a la reflexión de examinar el asunto y sin consultarla.

### LOS CONEJOS

A menudo he pensado, viendo de qué manera se conduce el hombre y cómo se comporta en ocasiones mil de modo igual que los animales, que el rey de estos últimos no tiene menos defectos que sus súbditos, habiendo dotado la Naturaleza a cada criatura de cierto grano de una masa de la que se alimentan los espíritus; quiero decir los espíritus corpóreos y forjados de materia.[62] Voy a probar lo que aventuro.

A la hora del acecho, o sea, cuando la luz sepulta sus rayos en la húmeda morada,[63] o cuando reanudando el sol su carrera ya no es noche y aún no es día, subo a un árbol erguido en la linde de un bosque y, nuevo Júpiter desde lo alto de este Olimpo, fulmino mi rayo contra un conejo desprevenido. En el acto veo la fuga de todo el pueblo conejil, que, vivo el ojo y el

---

[62] La Fontaine profesa aquí, y en alguna otra fábula, la idea de la existencia de una especie de alma semimaterial, de cualidad inferior y grosera, común a los hombres y a los animales.

[63] Figura poética, tomada de la mitología, según la cual el sol se hundía en el mar.

oído atento, por el matorral se extiende, perfumando su banquete con tomillo. El estampido de la pólvora obliga a la banda a buscar su seguridad en la ciudad subterránea. Pero el peligro se olvida, y aquella grande pavura se desvanece muy pronto. Poco tardan los conejos en volver al alcance de mis manos.

¿No reconocemos en esto a los humanos? Puestos en dispersión por una gran tormenta, apenas llegan a puerto ya se disponen a desafiar de nuevo el mismo viento e igual naufragio. Verdaderos conejos, volvemos a verlos en manos de la Fortuna. Pero añadamos a este ejemplo un suceso común.

Cuando unos canes extraños pasan por un lugar que no corresponde a su monarquía, ¡excuso decir la escandalera que allí se arma! Los perros del lugar, que piensan sólo en su comida, a gritos y dentelladas acompañan a los viandantes hasta los confines de su territorio.

Igual interés de riquezas, de presunción y de gloria empuja a gobernantes de Estados, a ciertos cortesanos y a gentes de todos los oficios a imitar a estos perros. A todos por la comida se nos puede ver arrojándonos sobre el primero que llega para arrancarle la piel. El autor y la coqueta son de este infame carácter: ¡desdichado el escritor novel! ¡El menor número posible alrededor de la mesa! Ésta es la ley del juego; ésta la cuestión.

Con cien ejemplos podría apoyar mi discurso. Pero siempre las obras más cortas son las mejores. Por guía tengo en esto a los maestros del arte, y profeso que es menester dejar en los relatos más bellos algo que nos haga pensar. Dicho lo cual, termina este discurso.

## EL MERCADER, EL GENTILHOMBRE, EL PASTOR Y EL HIJO DEL REY

Cuatro descubridores de nuevos mundos, escapados al furor de las olas y desnudos casi: un negociante, un noble, un pastor y un hijo de rey, a la suerte de Belisario[64] reducidos, pedían a los caminantes un alivio de su miseria. Para contar la suerte adversa que los había reunido, aunque nacidos los cuatro bajo diferentes cielos, sería menester un largo relato.

Sentáronse al fin al borde de una fuente, y allí los míseros náufragos celebraron consejo. Habló el príncipe largo y tendido del infortunio de los grandes. Sostuvo el pastor que, apartando el pensamiento de su pasada aventura, fuera mejor que cada cual se aplicara a la manera de atender a la necesidad colectiva.

—¿Cura el lamento a quien padece? –añadió–. Trabajemos; así llegaremos al fin de nuestros deseos.

¿Os asombra que un pastor hablara en estos términos? Pero ¿acaso se cree que el cielo sólo dio a las testas coronadas espíritu y razón, y que de un pastor, como de cualquier carnero, los conocimientos son limitados? El caso es que los tres naufragados en las costas de América hallaron excelente su consejo. Uno de ellos –el mercader– sabía la aritmética, y dijo: —Daré lecciones a tanto por mes. —Y yo enseñaré el arte de la política –agregó el hijo del rey. El noble prosiguió: —Conozco el blasón y pondré una escuela. ¡Como si en las tierras de las Indias tuvieran en la cabeza la necia vanidad de esta jerga ridícula!

---

[64] Esto es, a la total indigencia.

El pastor repuso:

—Habláis muy bien, queridos amigos; pero el mes tiene treinta días. ¿Queréis decirme si ayunaremos hasta esa fecha? Me dais hermosas esperanzas, pero lejanas, y yo tengo hambre. ¿Quién nos asegura la comida de mañana? O, mejor, ¿en qué seguridad fundáis la cena de esta noche? De esto es de lo que se trata. Y vuestra ciencia en esto se queda coja. En fin, mis manos pondrán remedio.

Dichas estas palabras, el pastor penetra en un bosque y ata varios haces de leña, cuya venta aquel día y al siguiente impidió que un largo ayuno no los llevara bajo tierra a ejercer sus talentos.

Saco la conclusión de esta aventura que no es menester tanto arte para conservar la vida, pues gracias a los dones de la Naturaleza, la mano es el socorro más rápido y seguro.

# Libro undécimo

EL LEÓN

El sultán leopardo en otros tiempos, según cuentan, tuvo por rara fortuna gran número de bueyes en sus prados, gran número de ciervos en sus bosques, gran número de carneros en sus valles y llanuras.

Nació un león en la selva cercana. Tras los cumplidos que entre grandes se practican, llamó el sultán a su visir la zorra, vieja en trotes y excelente política.

—Temes –le dijo el sultán– a mi vecino el leoncillo. Su padre ha muerto. ¿Qué puede hacer el cachorro? Compadece más bien al pobre huérfano. Tiene en su propia casa más de un asunto, y dará las gracias al Destino si conserva lo que tiene, sin intentar nuevas conquistas.

—Huérfanos como ése, señor –dijo la zorra meneando la cabeza–, no me inspiran compasión. En cuanto a éste, hay que conservar su amistad o tratar de exterminarlo antes de que le crezcan las garras y los colmillos. No perdáis un instante. Acabo de hacer su horóscopo: el cachorro crecerá para la guerra; no habrá en la tierra mejor león que él para sus amigos. Tratad, pues, de serlo; tratad si no de debilitar sus fuerzas.

La arenga cayó en saco roto. Durmióse el sultán, y todos se durmieron en sus dominios, gentes y animales, hasta que, al fin, el cachorro se convirtió en un león verdadero. A su paso tocan a rebato; la alarma cunde por doquiera. El visir, consultado sobre el caso, dice con un suspiro:

—¿Por qué le irritáis en vano? Esto no tiene remedio. Inútil es que llamemos a miles de gentes en nuestra ayuda. Cuantos más son, más nos cuestan, y sólo los estimo buenos para devorar su parte de carneros. Contentad al león; él sólo se basta para superar en poderío a este mundo de aliados que se alimenta con nuestros bienes. Tres tiene el león que nada le cuestan: su valor, su fuerza y su vigilancia. Arrojadle cuanto antes bajo la garra un carnero; si no está contento, arrojadle más aún, añadid un buey, escoged lo más lucido de vuestros rebaños, y salvad de este modo el resto.

No se aceptó su consejo. Tanto peor: muchos Estados vecinos del sultán también padecieron. Nadie ganó; todos perdieron. A pesar de cuanto hizo este mundo enemigo, aquel a quien tanto temían fue su soberano.

Si queréis dejarle crecer, intentad que el león sea vuestro amigo.

### EL HIJO DE JÚPITER INSTRUIDO POR LOS DIOSES

Tuvo Júpiter un hijo que, recogiendo el fruto de su alta cuna, tenía un alma divina. Nada ama la infancia, mas la del joven dios convirtió su principal cuidado en los dos dulces anhelos de amar y ser amado. En él el amor y la razón adelantaron al tiempo, cuyas veloces alas, para nuestra desdicha, traen unas tras otras, demasiado pronto, las estaciones.

La dulce Flora, de los ojos alegres y las graciosas maneras, fue la primera que conmovió el corazón del joven dios del Olimpo. Cuanto la pasión puede inspirar de ingenio, de sentimientos tiernos y delicados, de llantos y suspiros, todo, en fin, fue empleado por el olímpico enamorado.

Por su cuna el hijo de Júpiter debía tener otro espíritu, otros dones de los cielos que los hijos de los demás dioses, y así parecía obrar por reminiscencia, habiendo ejercido en otro tiempo el oficio de amante. ¡Tan bien lo hacía!

Mas Júpiter quiso instruirle, para lo que reunió a los dioses y les dijo:

—Hasta aquí he sabido gobernar solo y sin ayuda el universo; pero hay diversos ministerios que debo distribuir entre los nuevos dioses. Por eso he pensado en este hijo querido; es mi misma sangre, dondequiera se alzan ya sus altares. Pero a fin de que merezca el rango de los inmortales, debe saberlo todo.

Apenas el señor del rayo terminó su arenga, todos los dioses aplaudieron. Para saberlo todo, sobrábale al joven dios espíritu.

El dios de la guerra dijo:

—Yo mismo le enseñaré el arte con el cual muchos héroes han logrado participar en los honores del Olimpo, agrandando las fronteras de este imperio.

—Yo le enseñaré a tocar la lira –dijo el rubio y docto Apolo.

—Y yo seré –añadió Hércules, el de la piel de león–, el maestro que le enseñe a vencer los vicios, a dominar los impulsos, esos monstruos corruptores que renacen sin cesar como otras tantas hidras[65] en los corazones. Enemigos de las blandas delicias, de mí aprenderá los senderos poco trillados que llevan a los honores, siguiendo los pasos de las virtudes.

Llegado el turno al dios de Citerea, éste dijo que se lo enseñaría todo.

Amor estaba en lo cierto. ¿Qué no alcanza el espíritu unido al deseo de ser agradable?


## LA ZORRA, EL PERRO Y EL LABRADOR

¡El lobo y la zorra son desagradables vecinos! No construiría yo mi casa cerca de sus escondrijos.

Esta última acechaba sin descanso a las gallinas de un labriego; pero, aun siendo de las más astutas de su familia, no había conseguido entrar en el corral. De un lado su apetito, de otro el peligro, tenían bastante perpleja a nuestra comadre.

—Pero ¿va a burlarse impunemente de mí esa canalla de perros y criados? Voy, vuelvo, me fatigo; imagino cien engaños, ¡y ese rústico, en cambio, muy tranquilo en su casa, convierte en monedas sus capones y gallinas, además de que nunca le faltan en la despensa! ¡Y yo, que en astucia no hay quien me engañe, cuando cojo un gallo viejo me siento en el colmo de la alegría! ¿Por qué me ha llamado Júpiter al oficio de raposa? ¡Por todas las fuerzas del Olim-

---

[65] Las siete cabezas de la hidra mitológica renacían a medida que se las cortaban.

po y de los infiernos, juro que se ha de hablar de mí mucho tiempo!

Rumiando en su corazón feroces venganzas, escogió una noche propicia para su cumplimiento. Todos se hallaban sumidos en un profundo reposo. Labrador y criados, perros, gallos, gallinas y capones: todos en paz dormían. El labrador, por una insigne torpeza, dejó su corral abierto. La ladrona va y viene hasta que al fin entra en la ciudadela. En un abrir y cerrar de ojos la despuebla, llena el corral de crímenes. Las huellas de su crueldad aparecen con el alba: era aquello un escaparate de cuerpos sangrientos y de matanza. Poco faltó para que el sol volviera grupas horrorizado hacia su lecho oceánico.

El amo no encontró otro recurso que lanzar grandes gritos contra sus criados y su perro: es la costumbre.

—¡Maldito, animal! –chillábale al perro–. ¡Sólo sirves para comer! ¿Por qué no avisaste cuando empezó la carnicería?

—Y vos, ¿por qué no la evitasteis? –repuso el perro–. Si vos, amo y señor a quien tanto os interesa, dormís sin cuidaros de cerrar la puerta, ¿queréis que yo, que nada gano ni pierdo, renuncie al sueño sin provecho?

Hablaba este perro con mucho juicio. En la boca de un amo, su razonamiento hubiera pasado por bueno; pero como no era más que un simple perro, no se le dio la menor importancia, y, en cambio, el pobre diablo cargó con una tanda de palos.

Y tú, quienquiera que seas, ¡oh padre de familia! (honor que nunca te he envidiado), si confías en los ojos de otro cuando duermes, cometes un error. Acuéstate el último y mira de cerrar la puerta. ¡Si algo tienes que te interesa, no lo hagas por mediación de otro!

EL SUEÑO DE UN HABITANTE DE MONGOLIA

Cierto mongol, en otros tiempos, vio en sueños a un visir gozando en los campos elíseos de un placer tan puro como ilimitado. El mismo soñador vio en otra región a un ermitaño rodeado de llamas que, incluso a los desdichados, conmovía. El caso le pareció extraño y contra lo corriente. Minos, el juez del otro mundo, parecía haberse equivocado con ambos muertos. El durmiente se despertó por efecto de la sorpresa.

Sospechando un misterio en sueño tan extraño, hízose explicar su significado. Y el intérprete le dijo:

—No os cause asombro; vuestro sueño tiene un sentido. Si no me engaña la experiencia, es un aviso de los dioses. En el curso de la humana existencia, el visir buscaba algunas veces la soledad, y el ermitaño hacía la corte a los visires.

Si me atreviera a añadir alguna cosa a las palabras del intérprete, en ellas inspiraría el amor a la soledad. Ésta ofrece a sus amantes riquezas sin inquietudes, bienes puros, presentes del cielo que nacen bajo los pies. ¡Oh soledad, en la que encuentro una secreta dulzura, lugares que siempre amé! ¿No podré nunca, lejos del mundo y del ruido, gozar del frescor y de la sombra? ¡Quién pudiera retenerme en tus asilos umbrosos! ¡Cuándo podrán las nueve Hermanas,[66] lejos

---

[66] Las nueve Musas.

de las cortes y ciudades, dominarme enteramente y enseñarme de los cielos los movimientos extraños a nuestros ojos, los nombres y virtudes de esas errantes luminarias por las cuales nuestros destinos y costumbres son tan diferentes!

Mas si no nací para tan vastos proyectos, que al menos los arroyos me ofrezcan dulces motivos, que en mis versos pinte la ribera florida. No tejerá entonces la Parca con hilo de oro mi existencia; no dormiré bajo ricos techos. Pero ¿pierde el sueño su valor por eso? ¿Es menos profundo, menos delicioso?

Al desierto consagro nuevos sacrificios. Y llegado el momento de ir en busca de los muertos, habré vivido sin cuidados y moriré sin remordimientos.


EL LEÓN, EL MONO Y LOS DOS ASNOS

Para gobernar bien su imperio, el león quiso aprender la moral, y un buen día mandó comparecer ante él al mono, sabio profesor entre la cuadrúpeda familia. Su primera lección fue como sigue:

—Para reinar sabiamente, ¡oh gran rey!, es menester que ante todo el príncipe anteponga el amor al Estado a cierto movimiento llamado comúnmente amor propio, padre y autor de todos los defectos que se observan en los animales. Pretender que este sentimiento nos abandone totalmente, no es cosa baladí ni se alcanza en un día. Ya sería bastante con moderar su impulso. Para ello vuestra augusta persona no admitirá jamás en su conducta nada injusto ni nada ridículo.

—Presentadme –contestó el rey– ejemplos de lo uno y de lo otro.

—Las especies todas –prosiguió el doctor–, y empiezo por la mía; los oficios todos, alábanse a sí mismos en su corazón, tratando a los demás de necios e ignorantes, y cosas parecidas que nada cuesta afirmar. Pero el amor propio consiste en exaltar hasta lo más extremo a sus semejantes: método excelente de elevarnos a nosotros mismos. De todo lo cual colijo que en este bajo mundo más de un talento consiste sólo en el gesto y en la intriga, en cierto arte de saberse poner en candelero, más con el aplauso de los ignorantes que de los prudentes.

Siguiendo el otro día a dos asnos que pasándose por turno el incensario, se alababan uno al otro según se tiene por costumbre, oí que uno de los dos decía a su compadre:

—¿No encontráis vos injusto y necio al hombre, ese animal tan perfecto? Éste profana nuestro nombre augusto tratando de asno al ignorante, al torpe e idiota; y aun abusa de otro nombre, llamando rebuznos a nuestras risas y a nuestros discursos. ¡Cuán graciosos son los humanos pretendiendo valer más que nosotros! A vos, amigo, os toca hablar ahora, y sus oradores callarse. ¡Éstos sí que son los únicos vocingleros! Pero dejemos a estas gentes. Vos me entendéis; yo os entiendo; con esto basta. En cuanto a las maravillas de vuestro canto divino que vienen a herir nuestros oídos, el ruiseñor resulta, en comparación, novicio en el arte lírico.

El otro borrico contestó:

—Señor, yo admiro también en vos las mismas cualidades.

Los dos asnos, no contentos aún con haberse adulado de tal manera, fuéronse presumiendo por las ciudades; cada uno de ellos pensaba hacer, halagando a sus semejantes, un bonito negocio, esperando que el honor recaería al fin sobre él.

A muchos conozco en nuestros días, mas no entre los asnos, sino entre los poderosos, a quienes el cielo colocó en los escalones más altos, que a gusto cambiarían entre sí, si se atrevieran, los simples "excelencias" por los sonoros "majestades". Tal vez diga más de lo debido, y espero que vuestra majestad me guardará el secreto. Queríais conocer por un ejemplo el ridículo que a las gentes impone el amor propio: ahí lo tenéis. En cuanto a la injusticia, ya llegará la ocasión; se necesita más tiempo.

Así habló el mono. No me han podido decir si trató después del otro punto, pues es un punto delicado, y nuestro sabio doctor, que no era tonto, consideraba al león como un terrible soberano.

### EL LOBO Y LA ZORRA

¿Por qué a la zorra le concede Esopo el privilegio de ser maestra en las artes de astucia? Busco la razón y no la encuentro. Cuando el lobo necesita defender su vida o atacar la ajena, ¿no sabe tanto como la zorra? Creo yo que incluso sabe más, y en este punto me atrevería a contradecir con alguna razón a mi maestro.

He aquí un caso, sin embargo, en que todo el honor le corresponde al terror de las madrigueras.

Una noche la zorra vio a la luna en el fondo de un

pozo, y la globular imagen le pareció un soberbio queso. Dos cubos sacaban el agua alternativamente. Nuestra zorra, apremiada por un hambre canina, se mete en el que estaba en la boca del pozo, sostenido por el contrapeso del otro. Ved a la zorra en el fondo, desengañada y en un gran apuro, considerando cercana su muerte; porque ¿cómo volver a subir si otro hambriento, seducido por la misma imagen y sucediéndole en su desdicha, no le sacaba del fondo por el mismo camino?

Pasaron dos días sin que nadie apareciera por el pozo. El tiempo, que no se detiene nunca, durante dos noches había ido rebanando, según su costumbre, la redonda cara del astro con la frente de plata. La comadre estaba desesperada. El compadre lobo pasa por allí con la garganta seca. Y la raposa le dice:

—Oye, compadre, ¿quieres un regalo exquisito? ¿Ves este objeto? Es un queso excelente. Lo hizo el dios Fauno: la vaca le dio la leche para hacerlo. Si Júpiter estuviera enfermo, recobraría el apetito con sólo ver este manjar de dioses. Yo ya me he comido lo que falta; pero aún te hartarás con el resto. Baja en ese cubo que he colocado ahí para esto.

Creyó el necio lobo la historia; métese en el cubo, y su peso, elevando el otro extremo, vuelve a subir a la astuta zorra.

Pero no nos burlemos del lobo: también nosotros nos dejamos seducir con tan poco fundamento; cada uno cree fácilmente en lo que teme y en lo que desea.

## EL LABRADOR DEL DANUBIO

No debemos juzgar a los hombres por la simple apariencia. El consejo, aunque bueno, no es nuevo. En otra ocasión el error del ratoncillo me sirvió para probar la lección que os presento. Esta vez para fundarlo me valgo del bueno de Sócrates, de Esopo y de cierto labrador de las orillas del Danubio, hombre de quien Marco Aurelio nos trazó una fiel imagen.

Todos conocéis a los primeros;[67] en cuanto al campesino, ved al personaje en estos rasgos: una espesa barba cubría su mentón; su cuerpo velludo representaba un oso, pero un oso desgarbado; bajo unas cejas pobladas, escondía sus ojos; tenía la mirada atravesada, la nariz torcida, los labios abultados, y cubríase con juncos marinos.

Mas a este hombre con esta traza nombráronle diputado las ciudades que baña el Danubio. No había entonces asilos donde no llegara la avaricia de los romanos. El diputado llegó a Roma y les dirigió esta arenga:

—Romanos, y vosotros, senadores, sentados para escucharme: Pido ante todo a los dioses que me asistan. ¡Quieran los inmortales, guías de mi lengua, que no diga nada que deba ser retirado! Sin su ayuda, sólo el mal y la injusticia pueden entrar en los espíritus. No acudiéndose a ellos, fácil es violar sus propias leyes. Sirvamos nosotros de testigos, pues somos castigados por la romana avaricia.

---

[67] Siempre ha sido de conocimiento vulgar que Sócrates y Esopo tenían una figura repelente.

Roma, más por nuestros crímenes que por sus hazañas, es el instrumento de nuestro suplicio. Temed, ¡oh romanos!, temed al cielo, que acaso un día transporte entre vosotros los llantos y la ruina, y poniendo en nuestras manos, gracias a una justa compensación, las armas de que se sirve en su venganza implacable, no os convierta también en esclavos nuestros.

¿Por qué, decidme, lo somos nosotros de Roma? ¿Por qué pretendéis valer más que cien pueblos diferentes? ¿Qué derecho os hizo dueños del universo? ¿Por qué venís a turbar una vida inocente? Cultivábamos en paz nuestros campos dichosos, y nuestras manos eran tan expertas en labrar la tierra como en las artes industriosas. ¿Qué habéis enseñado a los germanos? Éstos conocen el valor y el ingenio; si, como vosotros, fueran ávidos y violentos, quizá ejercieran ellos el imperio en vuestro lugar, aunque sabrían emplearlo de un modo menos inhumano. Mas el poder que vuestros pretores han ejercido sobre nosotros, apenas puede concebirse. La misma majestad de vuestros altares ha sido ofendida; pues debéis saber que los inmortales tienen puestas sus miradas en nosotros. Gracias a vuestros ejemplos, sólo tienen ante los ojos objetos de horror y de menosprecio de ellos y de sus templos, de avaricia que llega hasta demencia.

Nada satisface a las gentes que nos llegan de Roma. La tierra y el trabajo del hombre hacen para aplacarlos esfuerzos vanos. ¡Llamadlos! Ya no queremos cultivar los campos para ellos. Dejamos nuestras ciudades y huimos a nuestras montañas, dejando a nuestras amadas compañeras. Sólo conversamos ya con temibles osos, descorazonados de dar vida a esclavos infelices y de poblar para Roma un país por ella oprimido. En cuanto a nuestros hijos, todos deseamos que sus días se acorten. Vuestros pretores nos obligan a añadir a la desgracia el crimen. ¡Llamadlos! Sólo nos enseñarán la molicie y el vicio. Como ellos, los germanos se convertirán en ávidos animales de rapiña. Esto es todo lo que he visto en Roma a mi llegada. Ningún presente podemos hacer, ni púrpura tenemos que ofreceros. En vano es que esperemos un asilo en vuestras leyes: el camino se pierde en mil largos rodeos. Este discurso, un tanto fuerte, creo que ya os impacienta. Termino. Castigad con la muerte una queja quizá demasiado sincera.

Con estas palabras, el orador se acuesta en tierra. Todos admiran el corazón intrépido, el buen sentido y la elocuencia del salvaje prosternado. Se le nombró patricio: tal fue la venganza que mereció su gran discurso. Nombráronse otros pretores, y el senado pidió que se grabaran las palabras de este hombre para que sirvieran de modelo a los futuros oradores. Mas no se supo en Roma mantener esta elocuencia mucho tiempo.

## EL ANCIANO Y LOS TRES JÓVENES

Hallábase plantando árboles un viejo de ochenta años. Y tres jovenzuelos de la vecindad le decían:

—¡Pase que construyera una choza; pero plantar a esta edad! Porque, en nombre de los dioses, ¿podéis decirnos qué fruto esperáis recoger de vuestro trabajo? ¡Tendríais que vivir tanto como un patriarca! ¿Para qué cargáis lo que os resta de vida con los cuidados de un mañana que no veréis? Ya no debéis meditar sino en vuestros yertos pasados. Abandonad las esperanzas ambiciosas y los vastos pensamientos. Nada de esto os conviene.

—Es a vosotros a quien esto no conviene –replicó el anciano–. Toda humana empresa viene tarde y dura poco. La mano de las pálidas Parcas se ríe de vuestros días y de los míos. Iguales por su brevedad son nuestras vidas. ¿Quién gozará de nosotros las últimas luces de la bóveda azul? ¿Hay algún momento en que podáis contar con el minuto siguiente? Mis tataranietos me agradecerán esta sombra. ¿Es que podéis prohibir al hombre cuerdo que se tome fatigas por el placer ajeno? He aquí un fruto del que gozo hoy, del que podré gozar mañana y muchos días aún. En fin, todavía puedo contar la aurora más de una vez sobre vuestras tumbas.

El anciano tuvo razón. Uno de los tres jovenzuelos se ahogó en el mismo puerto al partir para América; el segundo, ansioso de alcanzar las grandes dignidades, halló al servicio de Marte un golpe imprevisto que le arrebató sus días; el tercero, cayó de un árbol cuando se hallaba podándolo. Y el anciano, luego de llorar a los tres, grabó en su mármol lo que acabo de contaros.

## EL RATÓN Y EL BÚHO

Nunca conviene decir a las gentes: escuchad esta hermosa frase, oíd esta maravilla. Porque ¿sabéis si el auditorio formulará un juicio semejante al vuestro? He aquí un caso, sin embargo, que puede ser exceptuado. Lo tengo por prodigio, con aire y trazos de fábula, aunque es un caso verdadero.

Abatióse un pino por antiguo, viejo palacio de un búho, triste y sombría morada del ave que Atropos tiene por intérprete. En su tronco hueco y carcomido por el tiempo, habitaban, entre otros animales, muchos ratones sin pies, aunque redondos de grasa.

El pájaro los cebaba con montones de trigo, pero había mutilado el rebaño con su pico. ¡Confesemos que este pájaro razonaba cuerdamente! En su tiempo el muy astuto arrojó a los ratones de sus madrigueras. Los primeros que apresó se habían escapado de sus agujeros, y para impedirlo en lo sucesivo, el compadre mutiló todo lo que luego cayó en sus garras. Con las patas cortadas, el pájaro los devoraba cómodamente, uno hoy, otro mañana. Comerlos todos a la vez no podía: tenía que velar por su salud. Pero su previsión iba tan lejos como la nuestra: ¡llegaba hasta llevarles víveres y granos para que subsistieran!

¡Que se obstine ahora un cartesiano en tratar a nuestro búho de reloj o de máquina! ¿Qué mecanismo podía darle el consejo de mutilar a un pueblo prisionero? ¡Si esto no es razonar, la razón me es desconocida! Ved los argumentos que nuestro búho se hizo: "Cuando este pueblo está preso, en seguida se fuga. Así, lo mejor es engullirlo en cuanto se le atrapa. Devorarlo todo de una vez es imposible; hay que guardar también para los días de necesidad. Debo, pues, alimentarle sin que se escape. Pero ¿de qué manera? Arrancándole los pies."

¡Buscadme una empresa mejor conducida por los hombres a su logro! ¿Podéis decirme si es otro el arte de pensar que nos enseñan Aristóteles y sus discípulos?

# Libro duodécimo

LOS COMPAÑEROS DE ULISES

Tras diez años de inquietudes, errando a merced del viento y de su suerte inseguros, los compañeros de Ulises al fin llegaron a una orilla donde Circe, hija del dios del día, reinaba entonces con su corte. La diosa les dio a beber un brebaje delicioso, pero saturado de un funesto veneno. Perdieron primero la razón, y momentos después sus cuerpos y sus rostros tomaron las formas y los rasgos de diferentes animales. ¡Vedlos en osos, leones y elefantes convertidos! Unos bajo una masa enorme, otros en dispares formas, otros, en fin, muy pequeños: el topo, por ejemplo.

Sólo Ulises escapó por haber desconfiado a tiempo del licor ponzoñoso. Como al saber añadía la figura de un héroe y el encanto de la palabra, logró que la hechicera tomase un veneno diferente al suyo. Una diosa dice cuanto lleva en el alma: Circe le declaró su pasión infinita.

Era Ulises muy astuto para no aprovecharse de ocasión semejante, y así consiguió que la bruja aceptara devolver a los griegos su humana figura.

—Pero ¿lo aceptarán ellos? –repuso la ninfa–. Id a decírselo al instante.

Corre Ulises hacia sus amigos y les dice:

—Aún tiene remedio la ponzoña, y yo vengo a ofrecéroslo. ¿Queréis, compañeros, volver a ser hombres? Al momento os devuelven la palabra.

El león, tentado de lanzar un gran rugido, repuso:

—No tengo los sesos tan ligeros. ¿Voy a renunciar a los dones que acabo de adquirir? Ahora tengo garras y colmillos, y al que me ataca lo despedazo. Soy rey. ¿Voy a convertirme otra vez en un pordiosero de Itaca? Quizá vuelvas a reducirme a simple soldado. Gracias; no quiero cambiar de estado.

Ulises corre del león al oso:

—¡Ay, hermano!; ¿en qué te veo convertido, tan hermoso como te he conocido?

—Sí, aquí estamos –repuso el oso a su manera–. ¿Que cómo me ves? Pues como tiene que ser un oso. ¿Quién te ha dicho que una forma es más bella que otra? ¿Puede la tuya juzgar a la nuestra? De los ojos de una osa espero mis amores, no de los tuyos. ¿No te gusto así? Sigue tu camino y déjame; vivo libre y contento, sin cuidado alguno que me hostigue. Y claramente te lo digo: no quiero cambiar de estado.

El príncipe griego propone al lobo la mudanza, diciéndole con riesgo de sufrir la misma negativa:

—Avergonzado estoy, compañero, de que una joven y bella pastora vaya contando a los ecos los glotones apetitos que te han hecho devorarle sus carneros. En otros tiempos hubieras corrido a salvar su rebaño. Antes llevabas una vida honrada. Abandona estos bosques y vuelve a ser, en lugar de lobo, un hombre de bien.

—Pero, ¿hay alguno? –repuso el lobo–. Por mi parte, no veo ninguno. Vienes a tratarme de animal carnicero. ¿Y eres tú quien hablas? ¿No te hubieras comido, si no lo hago yo, todos esos animales que llora la aldea? Y si fuese hombre, ¿me gustaría menos la sangre? Algunas veces, por una sola palabra os destrozáis entre todos. ¿Y no sois vosotros mismos verdaderos lobos unos para otros? Bien pensado todo, sostengo, en fin, que, bandido por bandido, más vale ser un lobo que un hombre. No, no quiero cambiar de estado.

Ulises, a todos les hizo el mismo discurso: uno por uno le dieron la misma respuesta, así el grande como el pequeño. La libertad, el bosque y su apetito soberano eran sus delicias supremas. Renunciaban todos al honor de las hermosas acciones; siguiendo sus pasiones se creían libres, cuando eran esclavos de ellos mismos.

### EL GATO Y LOS DOS GORRIONES

Un gato de igual edad que un gorrión jovencillo, vivía junto a éste desde los días de su nacimiento. El cesto y la jaula tenían el mismo techo hogareño.

Muy a menudo el gorrión irritaba al gatito; aquél le alanceaba con el pico; éste se defendía con las patas. El gato, sin embargo, perdonaba a su amigo; nunca se hubiera permitido enseñarle las uñas al imprudente. El pajarillo, menos circunspecto, no dejaba de darle agudos picotazos; pero maese gato, persona discreta y razonable, excusaba sus juegos: nunca entre amigos debemos abandonarnos a los arrebatos de una furia verdadera.

Como ambos se conocían desde su más tierna infancia, la prolongada costumbre mantenía la paz entre ellos. Nunca el juego se transformó en verdadera lucha. Pero otro gorrión del barrio vino a visitarlos y se hizo compañero del gorrioncete petulante y del discreto gatito. Entre los dos pajarillos surgió una disputa, y el gato tomó en seguida partido.

—¿Cómo? –exclamó–. ¿Este desconocido viene a provocarnos y se atreve a insultar así a mi amigo? ¿Va a engullirse el gorrión del vecino el mío? ¡Que no, por todos los gatos!

Y entrando en el combate, atrapó y devoró al gorrión intruso.

—¡Caramba –dijo maese gato–, qué gusto exquisito y delicado tienen los gorriones!

Por esta reflexión, devoró también al otro.

## EL AVARO Y EL MONO

Un hombre se dedicaba a amontonar dinero. Sabido es que este error llega a menudo hasta el delirio. Nuestro avaro sólo pensaba en onzas y doblones. Tengo para mí que cuando estos bienes están ociosos, son baladíes.

Habitaba el avaro un escarpado lugar defendido por Anfitrite[68] contra los ladrones. En este sitio, con un placer según él muy grande y según mi opinión muy pequeño, amontonaba de un modo insaciable. Pasaba los días y las noches contando, calculando, sopesando sin

[68] Mujer de Neptuno: el mar.

descanso, pues siempre hallaba la cuenta equivocada. Un gran mono, más sensato, a mi juicio, que su amo, cada día arrojaba un doblón por la ventana, y de este modo jamás salía la cuenta; como la puerta quedaba cerrada con cadenas, el avaro dejaba el oro sobre la mesa.

Un buen día nuestro simio pensó hacer un sacrificio al dios Neptuno. Por mi parte, comparando el placer de este mono al placer del avaro, no acierto a cuál conceder la palma: el amo se la llevaría por parte de ciertos espíritus; las razones nos llevarían muy lejos. Así, pues, un día el animal, que sólo pensaba en hacer daño, púsose a quitar del montón ora una onza, ora un doblón, ora un ducado, ejerciendo su fuerza y su puntería con estos pedazos de metal que los hombres desean sobre todas las cosas. Si al fin no hubiera sentido a su amo metiendo la llave en la cerradura, todas las monedas hubieran seguido el mismo camino y corrido la misma aventura; todas hasta la última hubieran volado al abismo enriquecido por tantos y tantos naufragios.

¡Guarde Dios a más de un banquero que no hace de su oro uso más sensato!

LAS DOS CABRAS

En cuanto salen las cabras al monte, cierto espíritu de libertad las empuja a buscar fortuna, y al instante parten de viaje hacia los pastos menos frecuentados por los hombres. Si algún lugar existe sin camino ni senderos, una roca, una montaña partida en precipicios, allá van nuestras damas a pasear sus caprichos. Nada detiene a este animal trepador.

Así, pues, dos cabras decidieron emanciparse, y dejaron el monte bajo cada una por su parte, encaminándose una hacia otra sin saberlo, en busca de mejores pastos. Un arroyo aparece, con una tabla por puente: dos comadrejas juntas no hubieran podido atravesarlo de frente. La corriente rápida y profunda, además, debía hacer temblar de espanto a nuestras amazonas. Pero a pesar de tantos peligros, una de las damas avanza un pie sobre la tabla; la otra hace otro tanto. Aquí me represento a Luis el Grande y Felipe IV, avanzando los dos en la isla de la Conferencia. Igual avanzaban, paso a paso y nariz contra nariz, nuestras dos aventureras, las cuales, ya en la mitad del puente, no quisieron ceder el paso por orgullo. Ambas tenían la gloria de contar en su familia, según cuenta la historia, una, a cierta cabra de mérito sin par, que Polifemo regaló a Galatea, y la otra a la cabra Amaltea que amamantó al poderoso Júpiter.

Como ninguna quiso retroceder, las dos cayeron al agua al mismo tiempo.

Accidente que no es nuevo en el camino de la fortuna.

## EL GATO VIEJO Y EL RATÓN JOVENCILLO

Un ratón jovencillo, con muy poca experiencia, creyó ablandar a un viejo gato implorando su clemencia.

—Dejadme vivir –decía–. Un ratoncillo de mi tamaño y de mi apetito, ¿puede ser una carga para este palacio? ¿Creéis, señor gato, que yo puedo reducir al hambre al amo y al ama, con todos sus criados? Un grano de trigo me alimenta; con una nuez me pongo como una bola. Pero ahora estoy flacucho; esperad algún tiempo; conservadme mejor para banquete de vuestros señores hijos.

Así hablaba al gato el ratoncillo prisionero. Aquél le dijo:

—Pierdes el tiempo, amigo. ¿A mí me vienes con tales discursos? Más ganarías hablando a los sordos. ¿Perdonar yo, siendo gato y siendo viejo? ¿Cuándo se ha visto esto? Así pues, con arreglo a estas leyes, baja a lo profundo, muere ya, y vete al instante a arengar a las hermanas hilanderas. No les faltará a mis hijos banquete de otros ratones.

Mantuvo el viejo gato su palabra, y ved ahora el sentido moral que a mi fábula conviene: la juventud se ilusiona creyendo que todo lo consigue, y la vejez es implacable.

EL CIERVO ENFERMO

Un ciervo cayó enfermo en un país de ciervos lleno. Muchos compañeros suyos incontinenti acudieron a su yacija para verle, socorrerle o consolarle por lo menos. ¡Muchedumbre importuna!

—¡Dejadme, amigos, morir tranquilo!; permitidme que la Parca me despache como acostumbra. Terminad con vuestro llanto.

¡En modo alguno! Los consoladores cumplieron con su triste deber largo tiempo, y no se marcharon hasta que a Dios le plugo. Mas no lo hicieron sin echar un trago, esto es, sin tomarse el derecho de pastar libremente. Todos se pusieron a ramonear en los bosques vecinos. La pitanza de nuestro ciervo disminuyó bastante, y al fin no encontró verde ni para un bocado. De un mal cayó en otro más grande. Al cabo se vio reducido a forzoso ayuno y a morir de hambre.

¡Caro costáis a quien os llama, oh médicos del cuerpo y del alma! ¡Oh tiempos y costumbres! Mas aunque clamo, todo el mundo se hace pagar al instante.

EL MURCIÉLAGO, LA ZARZA Y EL PATO

La zarza, el pato y el murciélago, convencidos los tres de que en su país no hacían fortuna, partieron a lejanas tierras para dedicarse al comercio, luego de hacer bolsa común.

Tenían almacenes, agentes y empleados tan escrupulosos como inteligentes; libros exactos de entradas y salidas. Todo iba viento en popa, cuando su mercancía, al pasar por cierto lugar de mucha angostura y grandes escollos, precipitóse a los depósitos que el Tártaro alberga en su seno profundo.[69] Nuestro trío lanzó muchos e inútiles lamentos; o mejor dicho, no lanzó ninguno, pues el más ínfimo mercader sabe que para salvar el crédito hay que ocultar la pérdida.

Mas, por desgracia, la que nuestras gentes habían sufrido no se pudo ocultar: el caso fue descubierto. Vedlos, pues, sin crédito, sin dinero y sin recursos, dispuestos a salir con el gorro verde.[70] Nadie les abrió su bol-

---

[69] En las profundidades del mar.
[70] Se obligaba a los deudores insolventes a llevar un gorro verde.

sa. Y el capital, los grandes intereses, los alguaciles y procesos, con los acreedores a la puerta desde la hora del alba, fueron la ocupación de nuestro trío, tratando de encontrar el modo de contentar a toda esa tropa.

La zarza apresaba a todos los caminantes y les decía:

—Por favor, caballeros; decidnos dónde están las mercancías que los abismos nos arrebataron.

El pato las buscaba bajo las aguas profundas. Y el murciélago, no atreviéndose a acercarse de día a morada alguna, perseguido a todas horas por los alguaciles, escondíase en mil agujeros.

Conozco a más de un deudor, que no es un murciélago, un pato ni una zarza, sino un gran señor que todos los días sale por la escalera de servicio.

## LA GUERRA DE LOS GATOS Y LOS PERROS, Y LA DE LOS GATOS Y LOS RATONES

La Discordia reinó siempre como soberana sobre el universo. Nuestro mundo nos presenta mil ejemplos diferentes. Más de uno en nuestra tierra paga tributo a esta diosa. Empecemos por los elementos, y os asombraréis viéndolos disputar en todo momento. Dejando aparte estos cuatro poderosos,[71] ¡cuántos seres, y de todos los estados, se hacen una guerra eterna!

En pasados tiempos, un palacio lleno de perros y de gatos, gracias a cien tratados solemnes, logró contemplar el fin de sus peleas porque el amo estableció la ley de sus ocupaciones y comidas, so pena de em-

---

[71] Los cuatro elementos: el agua, el aire, la tierra y el fuego.

plear el látigo contra el primero que buscara camorra; estos animales vivían entre ellos como primos.

Unión tan dulce, casi fraternal, servía de ejemplo a los vecinos. Pero al fin se terminó. Por un plato de lentejas o por un hueso dado a alguno por preferencia, el partido adverso clamó con grandes voces a la justicia, exigiendo el castigo de semejante ultraje. No faltan historiadores que atribuyen el caso a los favores de que gozaba cierta perra recién parida. Sea lo que quiera, este altercado produjo una conflagración en la sala y en la cocina; éste se declaró por su perro, el otro por su gato. Se convino un pacto, del que los gatos protestaron, aturdiendo con sus gritos al barrio entero. Díjoles su abogado que todos debían atenerse a los solemnes tratados. En vano los buscaron en los rincones donde sus agentes los habían escondido: los ratones se los habían comido.

Estalló un nuevo conflicto, y el pueblo ratonil pagó las consecuencias: más de un gato viejo, astuto y burlón, odiando por otra parte a toda esta raza menuda, acechó a los ratones, los atrapó y llevó a cabo una verdadera carnicería. El amo del palacio resultó mejor servido.

Vuelvo a lo que dije al principio. No vemos bajo los cielos animal ninguno, ningún ser, criatura alguna que no tenga su contrario: tal es la ley de la naturaleza. Vanos serían los intentos de buscar el motivo. Lo que Dios hizo, bien hecho está, y lo demás lo ignoro. Lo que sé es que, aun entrados en años, por una nadería llegan los mortales a palabras mayores. ¡Aún a los sesenta años, oh humanos, habría que mandaros a la escuela!

## EL LOBO Y LA ZORRA

¿De dónde proviene que nadie esté en la vida contento con su suerte? Un tal quisiera ser soldado, cuando el soldado a él le envidia.

Dícese que cierta zorra se quiso convertir en lobo. ¿Y quién puede afirmar que no haya un lobo que por el oficio de carnero no suspire?

Y así la zorra al lobo dijo:

—Querido compañero: por todo manjar muchas veces no tengo más que un gallo viejo o unos pollos esqueléticos; esta comida me cansa. Tú tienes mejor mesa y con menos peligro. Yo me acerco a las casas, y tú te quedas a lo lejos. Enséñame tu oficio, compañero; haz que sea la primera de mi casta que surta su despensa con un robusto carnero. No tendrás que contarme, amigo lobo, en el número de los ingratos.

—Bien, acepto –dijo el lobo–. Precisamente se me acaba de morir un hermano mío; toma su piel y vístete con ella. Así lo hizo y volvió junto al lobo, diciéndole éste nuevamente:

—Mira lo que tienes que hacer si quieres evitar los mastines del rebaño.

La zorra, con la piel del lobo, repitió las lecciones de su maestro. Al principio lo hizo muy mal, luego algo mejor, después bien; al fin lo hacía perfectamente. Apenas instruida cuanto podía serlo, se acercó un rebaño. El nuevo lobo corre hacia él, siembra el espanto en el contorno. Así Patroclo, revestido con las armas de Aquiles, sembró la alarma en la ciudad y en el campamento: madres, nueras y ancianos, todos corrían al templo. El pueblo balador creyó ver no un lobo, sino cincuenta. Pero, pastor y rebaño huyen en pelotón hacia el pueblo, dejando abandonada a una pobre oveja. El ladrón se apodera de ella. Pero a unos pasos de allí oye cantar a un gallo, y el discípulo se dirige veloz hacia éste, arrojando en el camino la piel del lobo y olvidando, al tiempo que corre con ágil paso, las ovejas, las lecciones y el profesor.

¿De qué sirve disfrazarse? Pretender cambiar de este modo es ilusión pura: a la primera ocasión recobramos nuestra primitiva naturaleza.

### EL CANGREJO Y SU HIJA

Muchas veces los prudentes, a semejanza del cangrejo, caminan hacia atrás, vuelven la espalda al puerto: tal es el arte de los marineros. Es también la añagaza de aquellos que para disimular un poderoso esfuerzo apuntan hacia un blanco directamente opuesto, haciendo correr hacia él a su adversario. Así mi argumento es pequeño, aunque su alcance es grande. Pero vengamos a nuestra fábula.

Un cangrejo madre decía una vez a su hija:

—¡Dios mío, qué modo de andar! ¿No puedes marchar derecha?

—¿Y cómo andas tú misma? –respondió la hija–. ¿Puedo marchar de otro modo a como lo hace mi familia? ¡Quieren que yo camine derecha, cuando todos caminan atravesados!

Y no le faltaba razón. La fuerza de todo ejemplo doméstico es universal y se aplica lo mismo para el bien que para el mal, haciendo sabios y haciendo necios, muchos más de estos últimos. En cuanto al arte de volver la espalda al objeto, sobre ello vuelvo: el método es excelente, sobre todo para el oficio de Marte; pero hay que saberlo hacer a propósito.

## EL ÁGUILA Y LA URRACA

El águila, reina de los aires, y Margot, la urraca, de humor, de palabra, de espíritu y de hábito diferentes, volaban un día por encima de una pradera. El azar las reunió en un rincón apartado. La urraca se echó a temblar; pero el águila, que había comido abundantemente, la tranquilizó y le dijo:

—Pasemos un rato en compañía; si el rey de los dioses, aquel que gobierna el universo, muchas veces bosteza de hastío, yo, que todo el mundo sabe que le sirvo, también puedo hacer otro tanto. Háblame, pues, sin más ceremonia.

Ved a nuestra marica parloteando sin parar sobre esto y aquello, sobre todo lo habido y por haber. El hombre de Horacio, diciendo el bien y el mal a tontas y a locas, no hubiera sido capaz de igualar la cháchara de nuestra urraca. Ésta se ofrece al águila para informarle de todo lo que pase, saltando de aquí para allá, yendo de uno en otro, cumplido espía. Pero su oferta repugna a la reina de los aires, y el águila le dice encolerizada:

—No abandones, marica, tu casa. ¡Adiós! No sabría qué hacer con una habladora en mi corte. ¡Tienen muy mal carácter!

Nada mejor para Margot, la urraca, que verse libre de su presencia.

Entrar en el recinto de los dioses, no es lo que la gente se figura. ¡Este honor va acompañado de frecuentes y mortales angustias! Repetidores y espías, graciosos en apariencia, todos se hacen odiosos, aunque, como la urraca, lleven en dichos lugares hábitos de dos colores.

### EL MILANO, EL REY Y EL CAZADOR

En su viejo nido un cazador experto cazó vivo a un milano. En seguida nuestro hombre se propuso ofrecérselo al príncipe como regalo: la rareza del hecho daba valor a la cosa.

El pájaro, humildemente por el cazador presentado, si este cuento no es apócrifo, estampó en el acto su garra en la nariz del soberano.

—Pero, ¿es posible? ¿Sobre la nariz del rey?

—Del rey en persona.

—¿No tenía ni el cetro ni la corona?

Aunque los hubiera tenido, hubiera sido lo mismo: la regia nariz quedó apresada como una nariz cualquiera. Describir los clamores y la aflicción de sus cortesanos, sería consumirse en esfuerzos impotentes. El rey no se quejó; los gritos son una indecencia en la majestad soberana. El pájaro a su vez no soltó la presa: no se consiguió separarle. Llamóle su amo, gritó, y se consumió; enseñóle un pedazo de carne; mostróle el puño; pero todo fue en vano. Creyóse ya que hasta el día siguiente el pájaro maldito y de garra insolente no se movería de allí, a pesar de las amenazas, dispuesto a pasar la noche sobre la nariz regia. Intentar arrancarlo de ésta era irritar su capricho. Al fin soltó al rey, y éste dijo:

—Dejad marchar al milano y al que ha querido obsequiarme. Los dos se han portado como les cumplía: uno como milano y el otro como habitante de los bosques. Yo sé cómo deben obrar los reyes, y los declaro libres del suplicio.

Gran asombro de la corte. Los cortesanos, admirados, exaltan tales hechos, tan mal seguidos por ellos. Muy pocos, reyes incluso, aceptarían este modelo. El caso es que el cazador escapó con vida, aunque sólo eran culpables, él y el milano, de ignorar el peligro de acercarse mucho al amo. Sólo habían aprendido a tratar a los habitantes de los bosques. ¿Era éste un mal tan grande?

\* \* \*

Pilpay[72] hizo llegar la aventura a las orillas del Ganges. Pero allí ninguna humana criatura toca a los animales para derramar su sangre. Al mismo rey repugnaría hacerlo.

—¿Sabes acaso –dicen ellos– si este ave de rapiña no se hallaba en el sitio de Troya? Quizá fuera entonces un príncipe o un héroe de los mas encopetados y más altos. Y lo que fue en otro tiempo, podrá serlo todavía. Creemos, según Pitágoras, que cambiamos de forma con los animales. Ora milanos, ora pichones, ora humanos y luego pajarillos, dejando en los aires a nuestras familias.

---

[72] Nombre imaginario inventado por el autor.

Como el accidente del cazador se cuenta de dos maneras, he aquí la segunda:

Habiendo cazado un halconero, según dicen, un milano (cosa que nunca sucede), quiso hacerle este presente al rey como cosa rara. A menudo, en cien años no sucede un caso semejante: es el *non plus ultra* de la halconería.

Así, pues, el cazador atraviesa, lleno de celo y como nunca excitado, un paredón de cortesanos. Con este presente de los presentes esperaba hacer su fortuna. Pero el pájaro tintineante,[73] rudo y salvaje todavía, agarra con sus uñas de acero la nariz del cazador ingenuo. Éste grita; todos ríen, lo mismo el monarca que los cortesanos. ¿Quién no se hubiera reído? En cuanto a mí, no hubiera renunciado a mi parte por un imperio.

Que se ría un papa, no puedo asegurarlo a ciencia cierta; pero tendría a un rey por harto desgraciado si no se atreviera a reírse. La risa es el placer de los dioses. A pesar de su negro ceño, Júpiter, y con él el pueblo inmortal, también se ríen. El sumo soberano rompió en carcajadas cuando Vulcano se acercó cojeando a ofrecerle la copa.

Si el pueblo inmortal se mostró o no se mostró discreto, el caso es que he cambiado mi asunto con justo motivo; porque, como se trata de una moraleja, ¿qué hubiera podido enseñarnos de nuevo la aventura fatal del cazador ingenuo? ¡Siempre se han visto más halconeros sin seso que reyes indulgentes!

---

[73] Se colocaba una campanilla en el cuello de los halcones.

## LA ZORRA, LAS MOSCAS Y EL ERIZO

Con el reguero de su sangre, una vieja pobladora de los bosques, raposa fina, sutil y astuta, herida por los cazadores y desmayada en el fango, atrajo en cierta ocasión a ese parásito alado al que hemos llamado mosca. Acusaba la zorra a los dioses, hallando intolerable que la suerte quisiera ensañarse con ella hasta ese punto, reservando su sangre para alimento de las moscas.

—¿Cómo? ¿Lanzarse sobre mí, el más hábil de todos los habitantes del bosque? ¿Desde cuándo las zorras son un manjar tan exquisito? ¿Y mi cola de qué me sirve? ¿Acaso no es más que un peso inútil? ¡Vete de aquí, animal importuno, que el cielo te confunda!

Un erizo que en la vecindad vivía, quiso librar a la raposa de ese pueblo ávido e importuno.

—Oye, vecina –dijo a la zorra–; con mis púas voy a ensartarlas a centenares, terminando así con tus penas.

—¡Guárdate muy bien de hacerlo! –repuso la zorra–. Déjalas, por favor, que terminen su banquete. Éstas ya están hartas, y del otro modo una nueva nube se lanzaría sobre mí, más cruel y más violenta.

No hacemos más que encontrar demasiados parásitos en este mundo: los de allá son cortesanos, los de acullá magistrados. Aristóteles aplicaba este apólogo a los hombres. Los ejemplos son a hombres y animales comunes, sobre todo en el país donde vivimos. Tanto más llenas están ciertas personas, tanto menos importunas resultan.

## EL AMOR Y LA LOCURA

Todo en el Amor es misterio: sus flechas y su carcaj, su llama y su infancia eterna. Agotar esta ciencia no es cosa de un día. Así no intento explicarlo todo en esta fábula; mi objeto es sólo decir a mi manera cómo este ciego, que es un dios, perdió la luz de los ojos. De las consecuencias de este mal, que acaso ha sido un bien, pongo por juez a un amante y yo me inhibo.

Juntos jugaban un día el Amor y la Locura. Aquél aún no se hallaba privado de los ojos. Surgió entre ellos una disputa. Pretendió el Amor que se reuniera para tratar de ello el consejo de los dioses. Pero la Locura, impaciente, le dio un golpe tan furioso que le privó de la luz de los cielos.

Venus clamó venganza. Madre y mujer, esto bastaba para explicar sus gritos. Éstos aturdieron a los dioses. Ante Júpiter y Némesis[74] y todos los jueces del infierno, Venus presentó la enormidad del caso: su hijo no podía dar un paso sin un bastón. No había pena bastante para castigar este crimen. El daño tenía que ser reparado.

Considerado sesudamente el derecho del acusador y el de la parte contraria, la sentencia del supremo tribunal celeste consistió en condenar a la Locura a servir de guía al Amor.

---

[74] Diosa de la venganza.

## EL CUERVO, LA GACELA, EL RATÓN Y LA TORTUGA

La gacela, el ratón, el cuervo y la tortuga vivían todos juntos y en dulce sociedad. La elección de una morada desconocida de los hombres aseguraba su felicidad. Pero al cabo el hombre descubre todos los refugios. Sea en el corazón de los desiertos, en el fondo de las aguas o en lo alto de los aires, no podréis evitar sus secretos enredos.

Iba la gacela a solazarse alegremente, cuando un perro maldito, del bárbaro placer de los hombres instrumento, siguió olfateando sobre la hierba las huellas de sus pasos. Huye la gacela, y el ratón, a la hora de la comida, dice a los restantes amigos:

—¿Por qué hoy no somos más que tres convidados? ¿Nos ha olvidado la gacela?

Al oír estas palabras, la tortuga exclama vehemente:

—¡Ah! Si yo tuviera alas como el cuervo, partiría al instante para saber al menos qué región, qué accidente retiene a nuestra compañera la de los pies ligeros. Debemos ser más prudentes juzgando los sentimientos.

El cuervo emprende el vuelo, y a lo lejos divisa a la imprudente gacela revolviéndose desesperada en la trampa donde cayó prisionera. Regresa el cuervo al instante para advertir a sus compañeros. En cuanto a preguntarle cuándo, cómo y por qué tal desgracia se había abatido sobre ella, perdiendo en vanos discursos momentos tan preciosos, como hubiera hecho un magíster pedante, hubiese sido inútil: el animal tenía demasiado juicio.

Con sus informes, los tres amigos celebran un consejo. Dos opinan que deben trasladarse sin demora a los lugares donde la gacela sufre prisionera.

—La tortuga –dice el cuervo– se quedará guardando la casa. ¿Cuándo llegaría con su andar tan lento? ¡Después de la muerte de nuestra compañera!

Dichas estas palabras, parten en socorro de su fiel y querida gacela, infeliz cabrita de la montaña. Pero la tortuga no quiso quedarse, y parte también para la guerra, maldiciendo con razón sus cortos pies y la necesidad de transportar su casa. El ratón roe los nudos de la red. ¡No hace falta decir la inmensa alegría de todos! Llega el cazador y exclama.

—¿Quién me ha robado la gacela?

Huye el ratón a esconderse en un agujero, el cuervo se encarama en un árbol, la gacela refúgiase en el bosque. Y el cazador, furioso por no hallar rastro de ella, divisa a la tortuga y contiene su ira.

—¿Para qué calentarme la sangre? ¡Esta necia me servirá de cena! –diciendo lo cual ase a la tortuga y la mete en un saco.

La infeliz hubiera pagado por todos si el cuervo no hubiese avisado a la gacela. Ésta abandona su escondite y, fingiéndose coja, ante el cazador a lo lejos se presenta. Corre el hombre tras ella, arrojando todo que llevaba de peso; con lo cual el ratoncillo nuevamente trabaja los nudos del saco y al fin liberta a la otra hermana, en quien el cazador fundaba su cena.

Así cuenta Pilpay el sucedido. Con poco que yo a Apolo invocar quisiera, compondría para agradaros una obra tan larga como la *Ilíada* o la *Odisea*. El héroe principal Roenudos sería, aunque aquí todos sean necesarios. La infanta de la caparazón pronuncia tan exaltadas palabras, que el caballero Cuervo se ofrece para desempeñar el papel de espía y mensajero. Por su parte, la princesa Gacela tiene el encargo de distraer al cazador para dar tiempo al valiente Roenudos. Así, cada cual en su lugar, todos intervienen, se mueven y laboran.

¿A quién otorgar la palma? ¡Al corazón, si se me quiere creer! ¿Qué es lo que no emprende y no puede la amistad enardecida? Ese otro sentimiento al que llamamos amor no merece tanto honor, aunque yo lo celebre y lo cante cada día. Pero, ¡ay!, no por eso da a mi alma mayor alegría.

Vosotros, animales de esta fábula, protegéis a su hermana; hasta con esto. Mis versos se emplearán por ella en diferentes tonos. Mi señor hasta aquí era el Amor: quiero servir a otro y pasear por el mundo entero tanto su gloria como la vuestra.

### EL BOSQUE Y EL LEÑADOR

Un leñador perdió la madera que le servía de mango para su hacha. No pudo repararse esta pérdida con rapidez bastante, y el bosque, entretanto, conoció un momento de descanso. Al fin, el hombre le rogó humildemente que le permitiera llevarse una rama tan sólo, para fabricar un mango nuevo, prometiendo emplear en otro sitio su herramienta y dejar en pie el roble y el pino venerable, cuya ancianidad y cuyos encantos eran objeto del universal respeto.

El inocente bosque le dio nuevas armas; mas no tardó en arrepentirse. El leñador coloca el hierro en el mango, y sólo se sirve de él, el miserable, para despojar de sus adornos a su bienhechora. Ésta gime a cada instante: su propio don es la causa de su suplicio.

¡Ved la fe del mundo y sus sectarios! Nos servimos del bien contra los bienhechores. Ya estoy cansado de hablar de ello. Pero ¿quién no se lamentaría viendo a las dulces sombras expuestas a tales ultrajes? ¡Ay, inútil es que clame y me haga importuno! ¡La ingratitud y el abuso no dejarán de estar de moda!

LA ZORRA, EL LOBO Y EL CABALLO

Una zorra, aunque joven aún de las más astutas, encontró el primer caballo que veía en su vida. Y a cierto lobo que era un novicio, va y le dice:

—Ven corriendo, compañero. He visto a un animal grande y hermoso pastando en nuestros prados. ¡Todavía me bailan los ojos de contento!

—¿Es más fuerte que nosotros? –preguntó el lobo riendo–. Trázame su retrato.

—Si fuera un pintor o un estudiante, te adelantaría el gozo que tendrás cuando lo veas –replicó la zorra–. Pero ven. ¿Quién sabe si no es una presa que la suerte nos envía?

Parten los dos, y el caballo, muy poco curioso por contemplar a semejantes amigos, a punto estuvo de tomar las de Villadiego.

—Señor –díjole la zorra–: vuestros humildes servidores desearían saber vuestro nombre.

El caballo, al que no le faltaba seso, les contestó:

—Vosotros mismos podéis leer mi nombre, caballeros; mi zapatero lo ha escrito en la suela.

La zorra se excusó a causa de sus pocas luces:

—Mis padres no me han llevado al colegio; son pobres y no poseen más que un agujero. Pero los de mi amigo el lobo, que son unos grandes señores, le han enseñado a leer.

El lobo, halagado por estas palabras, se acercó al caballo; pero su curiosidad le costó cuatro dientes que le arrancó de una coz, mientras su autor volvía grupas. Ved al lobo por tierra, dolorido, sangrante y estropeado.

—Hermano –dícele la zorra–: esta lección justifica lo que me han dicho personas inteligentes: ese animal te ha escrito en el hocico que el prudente desconfía de lo desconocido.

## LA ZORRA Y LAS GALLINAS DE GUINEA

Un árbol, contra los asaltos de una zorra, servía de fortín a unas gallinas de Guinea. La pérfida daba vueltas en torno de la muralla, pero veía a todas en centinela.

—¿Es posible –exclamó– que estas gentes se burlen de mí? ¿Se librarán ellas solas de la ley común? ¡No, por todos los dioses, no escaparán a mis dientes!

Y el astuto animal cumplió su amenaza.

La luna, brillando en el cielo, parecía dispuesta a proteger a la estirpe gallinácea. Pero la zorra, que no era una novicia en las tretas del oficio, pronto echó mano al saco de sus astucias criminales. Fingiendo trepar, se alzó sobre sus patas; luego se hizo la muerta; después la resucitada. No hubiera podido Arlequín representar a tantos y tan diferentes personajes.

Alzaba la cola para que brillara con la luna y mil otras piruetas, durante las cuales ninguna gallina dormía. Cansábalas su enemiga obligándolas a mirar siempre hacia el mismo objeto. Al cabo, las infelices guineas, finalmente mareadas, caían una tras otra. Tantas como atrapaba, tantas la raposa colocaba en un montón aparte. Cerca de la mitad sucumbieron. Y la astuta raposa se las llevó a su despensa.

Muchas veces la atención excesiva que ponemos en el peligro, es causa de que en él caigamos.

EL MONO

Vive en París un mono al que le dieron mujer. Espejo de muchos maridos, el simio la apaleaba. La pobre señora, al fin, después de muchos suspiros, pasó a mejor vida.

Su hijo se queja de un modo extraño, lanzando gritos ociosos. Ríese el padre de que su mujer sea difunta. Ya nuevos amores tiene, y créese que los seguirá apaleando. El mono frecuenta la taberna y se emborracha a menudo.

No esperéis nada del vulgo imitador, sea simio o componga un libro. Entre ambas especies, el autor es la peor.

## EL FILÓSOFO ESCITA

Un austero filósofo, natural de Escitia, queriendo llevar una vida más serena púsose en viaje por Grecia, viendo en ciertos lugares a un hombre muy parecido al anciano de Virgilio,[75] igual a los reyes, próximo a los dioses, y como éstos satisfecho y tranquilo. Su dicha consistía en las bellezas de un jardín.

Allí le halló el escita, con la hoz en la mano, cortando en sus árboles frutales la hoja inútil, podando, quitando esto, arreglando aquello, corrigiendo dondequiera a la naturaleza, excesiva en pagar sus cuidados con usura. Preguntóle el escita por qué hacía semejante hecatombe:

—¿Es propio de un hombre prudente mutilar de ese modo a esos pobres habitantes? ¡Soltad vuestra hoz, instrumento de ruina, y dejad laborar a la guadaña del Tiempo! No tardarán en bordear la negra corriente.[76]

—Sólo quito lo superfluo –repuso el sabio–, y, al hacerlo, lo demás sale ganando.

Volvió el escita a su triste morada, cogió a su vez la hoz mortífera, y día y noche se le vio cortando y talando. A sus amigos y vecinos aconseja llevar a cabo una universal hecatombe. De su jardín desaparecen las ramas más hermosas, mutilando su vergel a tontas y a locas, sin observar tiempos ni estaciones, lunas nuevas ni viejas. Todo languidece y muere.

---

[75] Virgilio representa a su anciano a orillas del mar, en Calabria, criando abejas, cultivando flores y legumbres. (*Geórgicas*, IV).
[76] Las orillas del río Estigia, en los infiernos.

Representa muy bien este escita a un imprudente estoico; éste poda en el alma las pasiones y los deseos, lo bueno y lo malo, hasta los más inocentes anhelos. Contra tales escitas, por mi parte, protesto. Quitan a nuestros corazones su principal impulso; antes de morir terminan con toda vida.

### EL ELEFANTE Y EL MONO DE JÚPITER

En pasados tiempos el elefante y el rinoceronte, habiendo disputado por los derechos de preeminencia y de regio imperio, decidieron poner fin a la diferencia en el campo del honor.

Señalado el día memorable, alguien les advirtió que el mono de Júpiter había aparecido por los aires, portador del caduceo de Mercurio.[77]

Pensó el elefante al momento que el simio, en su calidad de embajador, venía a buscar a su grandeza. Muy orgulloso con este motivo de envanecimiento, sale a esperar al enviado del cielo, y le encuentra un tanto lento en presentarle sus cartas credenciales. El mono, al fin, y de paso, va a saludar a su excelencia.

El otro estaba preparado para replicar al legado; pero ni una palabra sobre su asunto. La atención que él creía prestaban los dioses a sus disputas, aún no había agitado los cielos. ¿Qué importa a los moradores del firmamento que éste sea mosca y aquél elefante? Viose, pues, obligado a empezar él mismo:

---

[77] Vara con dos serpientes enlazadas, atribuida al dios Mercurio por la mitología como símbolo de la paz.

—Mi primo Júpiter –dijo– verá dentro de poco desde su trono supremo, y con él su corte en pleno, el más extraordinario combate.

—¿Qué combate? –repuso el mono con el semblante severo.

—¿Cómo? –exclamó el elefante–. ¿No sabéis que el rinoceronte me disputa el imperio? ¿Ignoráis que Elefantina ha declarado la guerra a Rinocera? Creo que vos conocéis estas ciudades, que no carecen de cierto nombre.

—¡Ah, me encanta saber su nombre! –replicó el mono de Júpiter–. Pero en nuestros vastos palacios nadie se ocupa de semejantes cuestiones.

El elefante, avergonzado y sorprendido, le dice entonces:

—Pues ¿qué vienes a hacer entre nosotros?

—Repartir una brizna de hierba, entre unas hormigas, que de todo cuidamos. En cuanto a vuestro asunto todavía no se ha hablado nada en el consejo de los dioses: los grandes y los pequeños son iguales a sus ojos.

UN LOCO Y UN CUERDO

Cierto loco perseguía a pedradas a un cuerdo. Éste se volvió y le dijo:

—Muchas gracias, amigo: toma este escudo. Veo que te fatigas mucho para ganar más todavía. Dícese que todo esfuerzo es digno de recompensa. Pues bien: mira ese hombre que pasa: ése sí que tiene para pagarte. Dirígele tus esfuerzos, que obtendrán su salario.

Seducido por el lucro, nuestro loco se dirige al ricachón que pasaba para hacerle la misma ofensa. Pero esta vez no le pagaron en dinero. Acuden los criados, sujetan a nuestro hombre y le muelen a palos el lomo.

Cerca de los reyes vemos locos parecidos, que hacen reír a vuestra costa a su señor y amo. ¿Intentaréis castigarlos para reprimir su cháchara insolente? Quizá no seáis tan poderosos. Hay que incitarlos a molestar a aquel que pueda vengarse.

## LA ZORRA INGLESA

Cierta zorra inglesa,[78] viéndose en grave peligro, apresada casi por los perros de fino olfato, pasó cerca de un patíbulo. Colgados en él unos animales rapaces, tejones, raposas y búhos, razas predispuestas al mal, servían de ejemplo a los caminantes.

Nuestra zorra, cercada ya por sus perseguidores, se oculta como puede entre los muertos. Paréceme ver a Aníbal, que, cercado por los romanos, supo engañar a su jefe y escapar, como un viejo zorro, de sus manos.

Los mejores canes de la jauría, llegados al lugar donde la zorra se colgó como muerta, llenan el aire con sus ladridos; pero su amo los detiene, a pesar de que sus gritos rasgaban las nubes. No podía sospechar una treta tan aguda.

---

[78] Esta fábula está dedicada a una Madame Harvey, viuda de un embajador inglés, y tiende a demostrar las cualidades superiores de los ingleses: éstos "piensan profundamente"; las zorras inglesas "son más finas"; los perros ingleses "tienen mejor nariz que los nuestros". Esta explicación es necesaria para comprender el espíritu de la fábula.

—¡Algún agujero –se dijo– ha salvado a esa señora! Mis perros no ladran más allá de los pies del patíbulo donde se lucen tantas personas honradas. ¡Aquí vendrá ella también!

Y volvió, en efecto, para su perdición. Mientras los canes ladraban desorientados, nuestra zorra se colgaba de la horca. ¡Creyó la ladrona que se libraría lo mismo que la vez primera! Pero ésta le falló la broma, y dejó la piel en el patíbulo. ¡Tan cierto es, que hay que cambiar de treta!

El cazador, para encontrar su propia seguridad, no hubiera discurrido este expediente. Claro que no por falta de espíritu, pues, ¿puede haber alguien que niegue a un inglés una provisión más que suficiente? Pero el despego por la vida, en más de una ocasión les daña.

EL SOL Y LAS RANAS

Las hijas del fango gozaban de la asistencia y protección del rey de los astros. Ni la guerra ni la miseria, ni desastres parecidos podían afectar a esta nación feliz. Así hacían valer en cien lugares distintos la ley de su imperio.

Las reinas de las ciénagas, quiero decir las ranas (¿qué trabajo cuesta llamar las cosas con nombres honorables?), osaron conspirar contra su bienhechor hasta hacerse insoportables. La imprudencia, el orgullo y el olvido de los beneficios, hijos de la buena fortuna, a esta raza importuna hiciéronle clamar estrepitosamente. ¡Era imposible dormir en paz! De hacer caso a su murmullo, con sus gritos hubieran sublevado a grandes y pequeños contra el ojo de la Naturaleza.

El sol, según decían, iba a secar todo rápidamente: era menester armarse con presteza y alzar tropas poderosas. En cuanto aquél daba un paso, croantes embajadas visitaban todos los Estados. Oyéndolas podía creerse que el mundo entero, que la máquina redonda giraba en torno de los intereses de cuatro charcas infectas.

Perdura siempre esta queja temeraria. Pero deben las ranas callarse y no murmurar tanto, porque como el sol se moleste, no tardará en hacérselo sentir, y la república acuática se arrepentiría de ello.

LA LIGA DE LOS RATONES

Estaba un ratoncillo aterrado por un gato que le acechaba desde hacía largo tiempo por donde tenía que pasar. ¿Qué hacer ante esta situación? El ratón, prudente y sensato, consultó a su vecina. Era ésta una señora rata de alto copete que se había alojado muchas veces en buena hospedería, y que otras mil se había vanagloriado de no temer a gato ni gata, dentellada ni zarpazo.

—Amigo ratón –díjole la presumida–: intente lo que quiera, yo sola no podré expulsar al gato que te amenaza; pero reunamos a todos los ratones del contorno, y verás cómo le engaño con una treta.

Saludóla el ratoncillo con una humilde reverencia, y la rata corrió diligente a ese lugar que llamamos comúnmente la despensa, donde gran número de ratas y ratones reunidos celebraban, a expensas del amo de la casa, un espléndido banquete. Llega nuestra rata alterada, sin aire en los pulmones.

—¿Qué te sucede? –le dice una compañera–. Habla.

—¡Oh, en dos palabras! –contesta–. La causa de mi viaje es que debemos socorrer rápidamente al ratoncillo. Ese gato feroz en todas partes produce un estrago intolerable. Si llegan a faltarle ratoncillos, se atreverá con las ratas.

Todos gritan a coro:

—¡Es la misma verdad! ¡A las armas, a las armas!

Dícese que incluso algunas ratas derramaron sendos lagrimones. Mas no importa: nada detiene una tan noble empresa. Todos se pertrechan para la guerra; todos en sus mochilas guardan un trozo de queso; todos, en fin, juran arriesgar la vida. Y parten con el espíritu alegre y el corazón gozoso, como si se tratara de una fiesta. Pero el gato, más sagaz que todos ellos, ya agarraba al ratoncillo por la cabeza. A grandes pasos se adelanta el ejército ratonil para ayudar al hermano; mas aquél, dispuesto a no ceder el terreno, gruñe y sale al encuentro de las tropas enemigas. Al oír su ruido, nuestros prudentísimos ratones, temerosos de conocer un desgraciado destino, sin llevar más lejos su estrépito aparente, emprenden una retirada felicísima. ¡Vuelve cada rata a su agujero, y si alguna se atreve a salir, cuidado con el cancerbero!

DAFNIS Y ALCIMADURA

En época ya pasada, una joven maravilla despreciaba del dios Amor el poder soberano. Llamábanla

Alcimadura. Altiva y arisca criatura, corriendo siempre por los bosques, saltando por los prados, danzando sobre la hierba, no conocía más leyes que su capricho; en esto era igual a las más hermosas aunque dejaba atrás a las más crueles. Mas no había gesto ni palabra suya que no agradaran, incluso en medio de sus rigores.

El joven y hermoso Dafnis, pastor de noble estirpe, se enamoró de Alcimadura para su desgracia. ¡Jamás consiguió el infeliz de este corazón inhumano la menor gracia, la menor mirada, la más ligera palabra! Cansado de perseguir una ilusión vana, sólo pensó en morir. La desesperación le llevó a la misma puerta de la cruel pastora. ¡Ay, al viento tan sólo contó sus cuitas! Nadie se dignó abrirle la morada fatal donde la ingrata, rodeada de sus compañeras, festejaba el día de su nacimiento, añadiendo a las flores de su hermosura los tesoros de los jardines y de las verdes praderas.

—¡Sólo esperaba –clamaba el pobre Dafnis– expirar bajo tus ojos, pero veo que te soy tan odioso que nada me sorprende que me niegues, como los demás, este placer funesto! Mi padre, después de mi muerte, tiene el encargo de poner a tus pies la herencia que tu corazón ha desdeñado. Mas deseo que se añada también el prado, con todos mis rebaños y mi perro. Y que mis compañeros, con el resto de mi fortuna, funden un templo donde se contemple tu imagen, renovando de flores el altar a cada momento. Cerca de este templo yo sólo tendré una sencilla sepultura, en cuya piedra se grabará: "Dafnis murió de amor. Párate, llora y exclama: Éste sucumbió bajo la ley de la cruel Alcimadura."

Al decir estas palabras, Dafnis se sintió herido por la Parca; hubiera seguido con sus tristes lamentos, pero el dolor no lo quiso. Sale su ingrata adornada y triunfante. En vano quisieron detenerla un momento para que llorara la muerte de su enamorado. Alcimadura siguió insultando al hijo de Citerea, y esa misma tarde, burlándose de sus leyes, llevó a sus compañeras para danzar con ellas en torno de la estatua del dios niño.

El dios se desplomó sobre la ingrata, matándola con su peso. Y de las nubes salió una voz, extendiendo el Eco por los aires estas palabras:

—¡Que ame todo desde ahora: la insensible ha muerto!

La sombra de Dafnis, refugiada antes que ella en la región estigia, se estremeció y se asombró al ver llegar también a la ingrata. El Erebo entero oyó a la bella homicida pedir perdón al pastor, el cual la escuchó lo mismo que Ayax a Ulises y Didón al pérfido Eneas.


EL JUEZ, EL HOSPITALARIO Y EL ERMITAÑO

Tres santos igualmente preocupados de su salvación, llevados de un mismo espíritu y esforzándose por un mismo fin, tomaron cada uno un camino diferente. Todos los caminos llevan a Roma, y así nuestros tres santos pensaron que podían elegir diferentes senderos.

Uno de ellos, conmovido por los sinsabores, las esperas y los entuertos que acompañan a los procesos, se ofreció para juzgarlos sin recompensa alguna, muy poco atento a amasar en este bajo mundo su fortuna. Desde que existen leyes, vese el hombre, por culpa de sus pecados, condenado a pleitear la mitad de su vida. ¿La mitad? ¡Los tres cuartos, y muchas veces la vida entera! Creyó el conciliador que lograría curar esta demente y detestable manía.

El segundo de nuestros santos escogió los hospitales. Alabo a éste. El afán de aliviar los males es una caridad que prefiero a las otras. Los enfermos de entonces eran iguales a los nuestros, y daban mucho que hacer al pobre hospitalario. Dolidos e impacientes, quejábanse sin descanso: "A ésos los cuida con más cariño porque son sus amigos, y a nosotros nos abandona."

Pero estas quejas no eran nada, comparadas con las dificultades en que se vio metido el árbitro de pleitos. Nadie estaba contento: las sentencias a los dos litigantes disgustaban; nunca el juez, para su gusto, mantenía el fiel de la balanza.

Tales discursos cansaron a nuestro juez, que corre al hospital para ver al santo hospitalario. Entrambos no recogen sino quejas y murmuraciones. Afligidos y obligados a abandonar sus empleos, marchan a confiar sus lamentaciones al silencio de los bosques. Y aquí encuentran bajo unas fieras rocas, junto a una fuente cristalina, lugar respetado por los vientos y del sol ignorado, al tercer santo, al que piden consejo.

—Debéis tomarlo de vosotros mismos –les responde su amigo–. ¿Quién mejor que vosotros conoce vuestras necesidades? Aprender a conocerse es el primero de los cuidados que la majestad divina ordena a los mortales. ¿Habéis llegado a conoceros en el mundo habitado? Esto no puede alcanzarse sino en los lugares llenos de serenidad. Buscar este bien en otra parte es un error profundo. Enturbiad este agua: ¿es que os veis en ella?

—¿Cómo podríamos vernos? El fango forma una espesa nube que acabamos de oponer al cristal transparente.

—Pues, hermanos –dijo el santo–, dejadla reposar y entonces veréis vuestra imagen. Quedaos en el desierto para contemplarla mejor.

Así habló el solitario. Los dos santos siguieron el saludable consejo.

No quiero decir que no pueda sufrirse ningún empleo. Si hay litigios, si llega la muerte, si caemos enfermos, hacen falta médicos y abogados. Gracias a Dios, nunca nos faltarán estos socorros; el lucro y los honores me convencen de ello. Pero en medio de estas comunes atenciones, nos olvidamos de nosotros mismos.

¡Oh príncipes, ministros y magistrados, cuyos cuidados todos el público los absorbe; vosotros, expuestos a mil siniestros accidentes, por la desgracia abatidos, corrompidos por la dicha; vosotros, que no veis a nadie, mal os podéis ver vosotros mismos! Y si un raro momento os entregáis a estas reflexiones, un adulador en seguida os interrumpe.

Ponga fin esta lección a estas fábulas mías. ¡Ojalá aproveche a los siglos venideros! Yo la ofrezco a los reyes, la propongo a los sabios. ¿Por dónde podría terminar de mejor manera?

Se terminó de imprimir en
Artes Gráficas Piscis S.R.L., Junín 845,
(C1113AAA) Buenos Aires, Argentina.
Mes de Junio de 2005